Heiko Roehl

Bedeutungswandel der unteren Führungsebene durch die Einführung neuer Formen der Arbeitsorganisation
Eine Fallstudie aus der Automobilindustrie

Diplomarbeit
an der Technischen Universität Berlin
Juni 1994 Abgabe

***Diplomarbeiten* Agentur**
Dipl. Kfm. Dipl. Hdl. Björn Bedey
Dipl. Wi.-Ing. Martin Haschke
und Guido Meyer GbR

Hermannstal 119 k
22119 Hamburg

agentur@diplom.de
www.diplom.de

ID 1504
Roehl, Heiko: Bedeutungswandel der unteren Führungsebene durch die Einführung neuer Formen der Arbeitsorganisation: Eine Fallstudie aus der Automobilindustrie / Heiko Roehl - Hamburg: Diplomarbeiten Agentur, 1999
Zugl.: Berlin, Technische Universität, Diplom, 1994

Dieses Werk ist urheberrechtlich geschützt. Die dadurch begründeten Rechte, insbesondere die der Übersetzung, des Nachrucks, des Vortrags, der Entnahme von Abbildungen und Tabellen, der Funksendung, der Mikroverfilmung oder der Vervielfältigung auf anderen Wegen und der Speicherung in Datenverarbeitungsanlagen, bleiben, auch bei nur auszugsweiser Verwertung, vorbehalten. Eine Vervielfältigung dieses Werkes oder von Teilen dieses Werkes ist auch im Einzelfall nur in den Grenzen der gesetzlichen Bestimmungen des Urheberrechtsgesetzes der Bundesrepublik Deutschland in der jeweils geltenden Fassung zulässig. Sie ist grundsätzlich vergütungspflichtig. Zuwiderhandlungen unterliegen den Strafbestimmungen des Urheberrechtes.

Die Wiedergabe von Gebrauchsnamen, Handelsnamen, Warenbezeichnungen usw. in diesem Werk berechtigt auch ohne besondere Kennzeichnung nicht zu der Annahme, daß solche Namen im Sinne der Warenzeichen- und Markenschutz-Gesetzgebung als frei zu betrachten wären und daher von jedermann benutzt werden dürften.

Die Informationen in diesem Werk wurden mit Sorgfalt erarbeitet. Dennoch können Fehler nicht vollständig ausgeschlossen werden, und die Diplomarbeiten Agentur, die Autoren oder Übersetzer übernehmen keine juristische Verantwortung oder irgendeine Haftung für evtl. verbliebene fehlerhafte Angaben und deren Folgen.

Dipl. Kfm. Dipl. Hdl. Björn Bedey, Dipl. Wi.-Ing. Martin Haschke & Guido Meyer GbR
Diplomarbeiten Agentur, http://www.diplom.de, Hamburg
Printed in Germany

Diplomarbeiten Agentur

Wissensquellen gewinnbringend nutzen

Qualität, Praxisrelevanz und Aktualität zeichnen unsere Studien aus. Wir bieten Ihnen im Auftrag unserer Autorinnen und Autoren Wirtschaftsstudien und wissenschaftliche Abschlussarbeiten – Dissertationen, Diplomarbeiten, Magisterarbeiten, Staatsexamensarbeiten und Studienarbeiten zum Kauf. Sie wurden an deutschen Universitäten, Fachhochschulen, Akademien oder vergleichbaren Institutionen der Europäischen Union geschrieben. Der Notendurchschnitt liegt bei 1,5.

Wettbewerbsvorteile verschaffen – Vergleichen Sie den Preis unserer Studien mit den Honoraren externer Berater. Um dieses Wissen selbst zusammenzutragen, müssten Sie viel Zeit und Geld aufbringen.

http://www.diplom.de bietet Ihnen unser vollständiges Lieferprogramm mit mehreren tausend Studien im Internet. Neben dem Online-Katalog und der Online-Suchmaschine für Ihre Recherche steht Ihnen auch eine Online-Bestellfunktion zur Verfügung. Inhaltliche Zusammenfassungen und Inhaltsverzeichnisse zu jeder Studie sind im Internet einsehbar.

Individueller Service – Gerne senden wir Ihnen auch unseren Papierkatalog zu. Bitte fordern Sie Ihr individuelles Exemplar bei uns an. Für Fragen, Anregungen und individuelle Anfragen stehen wir Ihnen gerne zur Verfügung. Wir freuen uns auf eine gute Zusammenarbeit

Ihr Team der *Diplomarbeiten* Agentur

Dipl. Kfm. Dipl. Hdl. Björn Bedey –
Dipl. Wi.-Ing. Martin Haschke
und Guido Meyer GbR

Hermannstal 119 k
22119 Hamburg

Fon: 040 / 655 99 20
Fax: 040 / 655 99 222

agentur@diplom.de
www.diplom.de

Eidesstattliche Erklärung

Die selbständige und eigenhändige Anfertigung der Diplomarbeit unter Verwendung keiner anderen als der angegebenen Hilfsmittel versichert an Eides Statt

Heiko Roehl   Juni 1994

Zu Dank bin ich in erster Linie den Meistern des untersuchten Betriebes für ihre Zustimmung zu den schriftlichen Befragungen verpflichtet. Frau Claudia Seel, der betreuenden Projektingenieurin des Betriebes, möchte ich für ihre Unterstützung bei der Organisation der Datenerhebungen danken.

Herrn Prof. Wilpert sei an dieser Stelle für seine Betreuung der Diplomarbeit herzlich gedankt.

Mein herzlicher Dank gilt weiterhin allen Personen, die am Zustandekommen dieser Arbeit in irgendeiner Weise beteiligt waren.

Inhalt

	Seite
Zusammenfassung	1

1. Einleitung — 2

    1.1 Zusammenhang der Entdeckung des Themas — 2

    1.2 Problemdefinition und Fragestellung der Untersuchung — 2

    1.3 Ziele der Arbeit — 3

    1.4 Inhaltsübersicht — 4

2. Gruppenarbeit und Führung - theoretischer Hintergrund — 6

    2.1 Gruppenarbeit — 6

        2.1.1 Formen der Gruppenarbeit — 6

        2.1.2 Gruppenarbeit im Rahmen von Lean Production — 9

            2.1.2.1 Merkmale von Gruppenarbeit in der europäischen Lean Production — 12

        2.1.3 Die Meisterebene in der Gruppenarbeit — 13

            2.1.3.1 Die Meisterebene in traditioneller Einzelarbeitsorganisation — 14

            2.1.3.2 Veränderungen der Meisterfunktion durch Gruppenarbeit — 16

            2.1.3.3 Problembereiche des Funktionswandels — 18

    2.2 Arbeitssituation und Führungsverhalten — 20

        2.2.1 Der Situationsansatz in der Führungstheorie — 20

        2.2.2 Das Performance-Maintenance-Konzept von Misumi — 22

            2.2.2.1 Performance- und Maintenance-Funktionen — 23

            2.2.2.2 Die Bedeutung situativer Faktoren — 26

            2.2.2.3 Bezüge zur Untersuchung — 28

        2.2.3 Spezifika von Führung in der Gruppenarbeit — 29

            2.2.3.1 Gruppenarbeit als spezifische Arbeitssituation — 30

            2.2.3.2 Anforderungen an das Führungsverhalten in der Gruppenarbeit — 33

            2.2.3.3 Führung in Gruppenarbeit als Maintenance-Verhalten — 38

        2.2.4 Einführung von Gruppenarbeit - Konsequenzen auf der unteren Führungsebene — 39

            2.2.4.1 Widerstände und ihre Bedeutung — 40

            2.2.4.2 Anpassung des Führungverhaltens an situative Anforderungen — 43

    2.3 Hypothesen der Untersuchung — 46

3. Darstellung des untersuchten Betriebes — 47

    3.1 Kontaktaufnahme — 47

    3.2 Allgemeine Kenndaten und Situation des Betriebes — 48

    3.3 Projekt "Neue Formen der Arbeitsorganisation" — 48

        3.3.1 Einführung von Gruppenarbeit — 49

3.3.2 Planungs- und Umsetzungskonzept	49
3.3.3 Form der geplanten Gruppenarbeit	50
3.3.4 Die untere Führungsebene	51
3.3.4.1 Allgemeine Veränderungen der Aufgabenstruktur	51
3.3.4.2 Meister-Entwicklungsprogramm des Betriebes	52
3.3.4.3 Weitere mögliche Einflüsse auf das Führungsverhalten	53
3.4 Die untersuchten Bereiche	53
3.4.1 Beschreibung von Aufgabenstruktur und technischen Voraussetzungen	53
3.4.1.1 Produktionsbereich 1	54
3.4.1.2 Produktionsbereich 2	55

4. Untersuchungsmethoden und Vorgehen   56

4.1 Methodenüberblick und Untersuchungsplan	56
4.2 Exploration	57
4.2.1 Vorgespräche	58
4.2.2 Experteninterviews	58
4.2.2.1 Leitfaden	59
4.2.2.2 Auswahl der Experten und Interviewführung	60
4.2.2.3 Auswertung der Interviews	60
4.3 Erfassung des Führungsverhaltens in seiner Veränderung	62
4.3.1 Methoden zur Messung von Führungsverhalten	62
4.3.2 Methodenauswahl	64
4.3.3 Das PM-Instrument von Misumi	65
4.3.3.1 Skalen des Instrumentes	65
4.3.3.2 Güte des Instrumentes	68
4.3.3.3 Modifikationen und Selbstbeurteilungsversion	69
4.3.4 Beschreibung von Datenerhebung und Stichprobe	71
4.3.4.1 Vorgehen bei den Erhebungen, Untersuchungsgruppen	71
4.3.4.2 Rückläufe und Zuordnung der Fragebögen	72
4.3.4.3 Darstellung der Stichprobe	73
4.4 Verfahren der Auswertung	74
4.4.1 Testgüte	74
4.4.2 Verfahren zur Prüfung der Hypothesen	75
Exkurs: Bedingungen der empirischen Arbeit und Erfahrungen im Betrieb	76

5. Ergebnisse der Untersuchung   81

5.1 Ergebnisse der mündlichen Befragung	81
5.1.1 Vorgespräche	81
5.1.2 Interviews	82
5.2 Ergebnisse der schriftlichen Befragung	86

5.2.1 Testgüteuntersuchung	86
5.2.2 Prüfung der Hypothesen	88
5.2.3 Ergebnisse der Selbstbeurteilungsversion	89

6. Diskussion — 91

- 6.1 Kritik der Untersuchung — 91
- 6.2 Interpretation der Ergebnisse — 92
- 6.3 Resümee — 99
- 6.4 Praktische Implikationen — 100
  - 6.4.1 Zentralität der unteren Führungsebene bei der Einführung von Gruppenarbeit — 101
  - 6.4.2 Zentralität des Führungsverhaltens der Meister — 102
    - 6.4.2.1 Entwicklungsprogramm der unteren Führungsebene — 102
    - 6.4.2.2 Inhalte und Methoden eines Entwicklungsprogrammes — 103
  - 6.4.3 Möglicher Machtverlust — 103
  - 6.4.4 Die Bedeutung positiver Beispiele — 103
  - 6.4.5 Gestaltung der Einführung von Gruppenarbeit auf der unteren Führungsebene — 104
- 6.5 Ausblick — 105

7. Literaturverzeichnis — 107

8. Verzeichnis der Abbildungen und Tabellen — 117

9. Verzeichnis der Anhänge — 118

Anhang — 119

Zusammenfassung

Vor dem Hintergrund eines wachsenden Interesses an neuen Formen der Arbeitsorganisation in Produktion und Industrie thematisiert diese empirische Arbeit die mit der Einführung von Gruppenarbeit einhergehenden Veränderungen auf der unteren Führungsebene.

Zentrales Kriterium für den Wandel in Funktion und Bedeutung der unteren Führungsebene stellt in der Untersuchung das Führungsverhalten dar. Für die Beschreibung und Messung des Führungsverhaltens der untersuchten Meisterebene in dem Werk eines Automobilherstellers ist die Performance-Maintenance-Theorie Misumis die theoretische Grundlage.

Im Theorieteil der Arbeit wird die Maintenance-Funktion der Führung, die ein sozial unterstützendes Führungsverhalten beinhaltet, als notwendige Bedingung von erfolgreicher Führung in der Gruppenarbeitssituation begründet. In der ersten Hypothese wird ein Zusammenhang zwischen Maintenance-Führungsverhalten und Führungserfolg angenommen, der in der Gruppenarbeit größer ist als in der Einzelarbeit. Die zweite Hypothese nimmt eine Erhöhung der Ausprägung der Maintenance-Führungsfunktion in der Gruppenarbeit gegenüber der Einzelarbeit an.

Die Hypothesen werden in sieben Experteninterviews einer ersten empirischen Validierung unterzogen. In der Hypothesenprüfung wird daraufhin das Führungsverhalten von Meistern in einer abhängigen Stichprobe mit Meßwiederholung vor und nach der Einführung von Gruppenarbeit gemessen. Als Erhebungsinstrument wird das Performance-Maintenance-Instrument zur Messung von Führungsverhalten von Misumi verwendet. Der Führungserfolg wird mittels der Klimaskalen des Instrumentes und einer zusätzlichen Arbeitszufriedenheits-Skala operationalisiert.

Die Untersuchungsergebnisse bestätigen die erste Hypothese statistisch signifikant. Es besteht demnach ein Zusammenhang zwischen dem Ausmaß an Maintenance-Führung der Meister und den erhobenen Klimaskalen, der in der Gruppenarbeitssituation deutlich ausgeprägter ist als in der Einzelarbeitssituation.

Die zweite Hypothese der Untersuchung kann sich in den Ergebnissen nicht bestätigen. Das Führungsverhalten der Meister veränderte sich über den Untersuchungszeitraum der Einführung der Gruppenarbeit nicht.

Nach der Interpretation und Diskussion der Untersuchungsergebnisse schließt die Arbeit mit dem Aufzeigen einiger praktischer Implikationen der Untersuchung.

1. Einleitung

1.1 Zusammenhang der Entdeckung des Themas

Das Thema der vorliegenden Untersuchung entwickelte sich im Zusammenhang mit meiner Tätigkeit in dem Berliner Werk eines deutschen Automobilherstellers. Meine Aufgabe bestand in der Untersuchung und Abschätzung derjenigen sozialen Probleme, die durch die Einführung von Gruppenarbeit in der industriellen Produktion zu erwarten waren. Bei der Konkretisierung der organisationspsychologischen Perspektive, aus der die Lokalisation und die differenziertere Analyse dieser Probleme in Angriff genommen werden sollte, ergab sich die Idee, den Bedeutungswandel der unteren Führungsebene zum Gegenstand der vorliegenden Diplomabschlußarbeit zu machen.

Einen wichtigen Schritt in der Erarbeitung der Fragestellung bildeten Gespräche, die ich mit Meistern führen konnte, in deren Fertigungsbereichen Gruppenarbeit bereits eingeführt wurde. Es fiel auf, daß die Meister zu sehr stark differenzierenden Einschätzungen über die Veränderungen kamen, die sich durch die neue Arbeitssituation ergaben. Große Differenzen zeigten sich vor allem in der Beurteilung von Schwierigkeiten, die sich bei der Einführung von Gruppenarbeit für die direkt tätigen Mitarbeiter ergaben - ein Umstand, der für mich den Schluß auf unterschiedliche Meister-Mitarbeiter-Verhältnisse nahelegte.

Einer der Meister bezeichnete ein Drittel der Mitarbeiter als nicht gruppenarbeitsfähig. Ein anderer sah den unterschiedlichen Qualifizierungsaufwand, mit dem schließlich alle Mitarbeiter "gruppenfähig" wurden, als einziges Problem bei der Einführung der Gruppenarbeit. Die verschiedenen Beurteilungen ergaben sich, obwohl die allgemeine Qualifikationsstruktur der jeweiligen Fertigungsbereiche sowohl vor als auch nach der Einführung der Gruppenarbeit als ähnlich eingeschätzt werden kann.

Diese Auffälligkeit richtete mein Augenmerk auf die untere Führungsebene der von mir zu untersuchenden Fertigungsbereiche und die Frage, welche Anforderungen in sozialer Hinsicht durch eine neue, einzuführende partizipative Arbeitsform auf die untere Führungsebene zukommen und in welchen Aspekten sich das Verhältnis zwischen Meister und Mitarbeiter bei der Einführung von Gruppenarbeit ändert. Mein besonderes Interesse galt der Frage, inwiefern durch die Einführung von Gruppenarbeit ein Wandel des Führungsverhaltens auf der Meisterebene notwendig wird und in welcher Form sich ein solcher Wandel dann in der Praxis vollzieht.

1.2 Problemdefinition und Fragestellung der Untersuchung

Aus den seit den siebziger Jahren immer lauter werdenden Forderungen nach Gruppenarbeit und partizipativen Arbeitsformen entwickelte sich eine paradoxe Situation, die bis heute nicht auflösbar scheint: Führungskräfte haben diesen Forderungen aus der wissenschaftlichen sowie öffentlichen Diskussion und der betrieblichen Praxis entsprechend die Entwicklung von Gruppenarbeit offiziell zu befürworten und sich bei innerbetrieblichen Diskussionen dem Teamgedanken verpflichtet zu fühlen. De facto aber müssen sie aufgrund der bestehenden Organisationsstrukturen, deren Beförderungsmechanismen nach wie vor den "Einzelkämpfer" begünstigen, entgegengesetzt handeln. Diese von Bungard & Antoni (1993, S. 379) als "pathologische Divergenz" bezeichnete Struktur zeigt sich deutlich im Problem des adäquaten Führungshaltens in der Gruppenarbeit. Ein solches kann nur dann erfolgreich praktiziert werden, wenn zumindest partiell Mitbestimmung möglich gemacht wird. Solange aber von seiten der Meisterebene ein autoritärer Führungsstil bevorzugt wird, bleibt ein der Gruppenarbeit angemessener Führungsstil reines Lippenbekenntnis (vgl. auch Bungard & Antoni, 1993, S. 378 f.).

Das Erkenntnisinteresse der vorliegenden Untersuchung ist es, die durch neue Formen der Arbeitsorganisation wie der Gruppenarbeit im Sinne des Lean Production-Konzeptes bedingte Veränderungen in Aufgaben und Funktion der unteren Führungsebene und ihrem Führungsverhalten zu ermitteln. Das Führungsverhalten der Meisterebene wird dabei als das zentrale Kriterium für den Wandel in der Bedeutung der unteren Führungsebene herausgestellt. Besondere Aufmerksamkeit wird hierbei den spezifischen Führungsanforderungen der Gruppenarbeit und den Anpassungsvorgängen der Meister an diese Anforderungen gewidmet. Da neue Formen der Gruppenarbeit in den letzten Jahren durch die Lean-Management-Debatte ins Zentrum des Interesses von Forschung und Praxis gerückt sind, ist die vorliegende Untersuchung mit der Bearbeitung des Problems der unteren Führungsebene in neuen Formen der Gruppenarbeit von einiger Aktualität.

1.3 Ziele der Arbeit

Der innovative Wert der Untersuchung liegt in der Gewinnung empirischer Befunde zum Führungsverhalten der unteren Ebene in neuen Formen der Gruppenarbeit. Solche Befunde liegen bisher nicht vor, der hierbei zentrale Zusammenhang zwischen den Themenbereichen Führung und Gruppenarbeit ist bislang kaum Gegenstand empirischer Forschung gewesen.

Einerseits sollen Erkenntnisse darüber gewonnen werden, wodurch sich erfolgreiches Führungsverhalten in der Gruppenarbeit auszeichnet. Andererseits soll erörtert werden, welche Anforderungen an das Verhalten einer Führungsperson durch die Gruppenarbeitssituation im Unterschied zur Einzelarbeitssituation gestellt werden. In der ersten Hypothese der Untersuchung wird diesbezüglich ein signifikanter Zusammenhang zwischen dem Erfolg der Führung in Gruppenarbeit und der Betonung der Maintenance-Führungsfunktion, wie sie als sozial und technisch unterstützendes Führungsverhalten von Misumi (1990) konzipiert wird, gegenüber Einzelarbeitssituationen erwartet.

Es soll mit der Messung des Führungsverhaltens an zwei Zeitpunkten vor und nach der Einführung von Gruppenarbeit in der Fallstudie nachvollzogen werden, welche Veränderungen im Führungsverhalten der unteren Ebene mit der Gruppenarbeitssituation einhergehen. Hierbei soll die Arbeitssituation Gruppenarbeit allgemein als kontingente Variable des Führungsverhaltens in ihrer Bedeutung abgeschätzt werden. Die zweite, theoriegeleitete Hypothese der Untersuchung nimmt eine Anpassung des Führungsverhaltens an die Anforderungen der Gruppenarbeit an.

Nicht zuletzt hoffe ich mit dieser Arbeit einen Beitrag für die betriebliche Praxis zu liefern. Die Ergebnisse sollen für den untersuchten Betrieb zumindest ansatzweise im Sinne einer Evaluation von Entwicklungsprogrammen der unteren Führungsebene verwertbar sein. Die Untersuchung verfolgt hierin auch das Ziel, die Zusammenhänge zwischen den aus Theorie und betrieblicher Praxis an das Führungsverhalten der Meisterebene gestellten Anforderungen einerseits und den tatsächlich in der betrieblichen Praxis vorfindbaren Gegebenheiten andererseits zu beschreiben, so daß Anspruch und Wirklichkeit des Führungsverhaltens sowie deren gegenseitiges Verhältnis deutlich werden.

1.4 Inhaltsübersicht

Die Untersuchung gliedert sich in einen Theorieteil (Kap. 2), einen Empirieteil (Kap. 3 und 4) und einen Ergebnisteil (Kap. 5 und 6). Im Theorieteil werden der theoretische Hintergrund der Forschungsfragestellung und die Herleitung der Hypothesen entwickelt. Der empirische Teil umfaßt die Beschreibung des untersuchten Betriebes und der Untersuchungsmethoden sowie die Darstellung der Auswertungsverfahren. Im Ergebnisteil werden die Ergebnisse der Untersuchung expliziert und diskutiert. Jedes der Kapitel wird zur besseren Übersicht durch eine orientierende Kurzzusammenfassung eingeleitet.

Im diesem ersten, einführenden Kapitel werden der Zusammenhang der Entdeckung des Themas, die Fragestellung, Ziele und Inhalt der Arbeit erläutert.

Im folgenden, zweiten Kapitel wird zunächst das Thema Gruppenarbeit ausführlich behandelt. Hauptaugenmerk gilt der Funktion der Meisterebene in neuen Formen der Gruppenarbeit, die unter Rekurs auf verschiedene Formen von Gruppenarbeit in der industriellen Produktion klassifiziert werden. Unter der Berücksichtigung unterschiedlicher Problemfelder wird der mit der Einführung der Gruppenarbeit einhergehende Funktionswandel der unteren Führungsebene untersucht. Die Aufgabenveränderung bezüglich der Führungsfunktion der Ebene wird aufgezeigt.

Der zweite Teil des Theoriekapitels behandelt das Thema der Meisterebene in der Gruppenarbeit aus der Perspektive der Führungstheorie. Der für die Forschungsfragestellung grundlegende Situationsansatz in der Führungstheorie wird neben dem Performance-Maintenance-Ansatz zur Fundierung der Hypothesen dargestellt. Gruppenarbeit wird daraufhin als spezifische Arbeitssituation beschrieben, die besondere Anforderungen an die den Arbeitsgruppen direkt weisungsbefugte Hierarchieebene stellt. Es werden die qualitativen Veränderungen in den Anforderungen an die Führungsfunktion der Meisterebene thematisiert. Diese Anforderungen werden mit dem Konzept der Maintenance-Führungsfunktion von Misumi verglichen und begründet. Die Konsequenzen der Einführung von Gruppenarbeit für das tatsächlich von der Meisterebene praktizierte Führungsverhalten werden im letzten Abschnitt des Führungskapitels aufgezeigt. Diskutiert werden hier Widerstände und Anpassungsvorgänge bezüglich organisatorischen Wandels. Der Theorieteil schließt mit der Exposition der Hypothesen der Untersuchung.

Im ersten Kapitel des Empirieteils (Kap. 3) wird der untersuchte Betrieb dargestellt. Die Kontaktaufnahme, allgemeine Kenndaten des Betriebes und das Projekt "Neue Formen der Arbeitsorganisation" sind Inhalt dieser Darstellung. Bezüglich der unteren Führungsebene werden Veränderungen der Aufgabenstruktur, das Entwicklungsprogramm des Betriebes und verschiedene mögliche Einflüsse auf das Führungsverhalten der Meisterebene beschrieben. Die Aufgabenstruktur und technischen Gegebenheiten der untersuchten Produktionsbereiche des Betriebes schließen die Betriebsdarstellung ab.

In der zweiten Hälfte des Empirieteils (Kap. 4) werden die verwendeten Untersuchungsmethoden und das Vorgehen in der Untersuchung beschrieben. Nach einem Überblick über die Datenerhebungen der Untersuchung werden die Explorationsphase, in der fünf Vorgespräche und sieben Experteninterviews geführt wurden, und die Phase der Hypothesenprüfung geschildert. Die Erfassung des Führungsverhaltens in der Hypothesenprüfung wurde mit dem PM-Instrument von Misumi (1990) durchgeführt, dessen Auswahl und Eigenschaften in diesem Kapitel begründet bzw. vorgestellt werden. Mit dem Instrument wurden zwei Erhebungen durchgeführt, deren Verlauf, Stichproben und Rückläufe hier dokumentiert sind. Abschließend werden die Auswertungsverfahren zu den Erhebungen beschrieben, die Verfahren zur Überprüfung der Testgüte des Fragebogens und zur Prüfung der Hypothesen werden expliziert.

Die vorliegende Diplomarbeit enthält einen Exkurs, in dem auf die Bedingungen der empirischen Arbeit und die Erfahrungen eingegangen wird, die während des Untersuchungszeitraums im Betrieb gesammelt werden konnten. Hier werden die Rahmenbedingungen und die Planung der Untersuchung vorgestellt.

Im letzten Teil der Arbeit werden die Ergebnisse der Untersuchung dargestellt, interpretiert und zusammenfassend diskutiert. Es werden praktische Implikationen der Untersuchung aufgezeigt.

2. Gruppenarbeit und Führung - theoretischer Hintergrund

2.1 Gruppenarbeit

In den folgenden Abschnitten 2.1.1 und 2.1.2 werden die Hauptströmungen in der Diskussion um die Gruppenarbeit zusammenfassend referiert. Als Ordnungskriterium werden hierzu die Handlungs- und Entscheidungsspielräume der Arbeitsgruppen herangezogen, anhand derer beispielhaft teilautonome Arbeitsgruppen beschrieben werden. Im zweiten Abschnitt 2.1.2 wird auf neuere Konzeptionen von Gruppenarbeit eingegangen, wie sie sich im Rahmen der Lean Production entwickelten. Die europäische Ausprägung dieser neuen Formen wird theoretisch eingeordnet.

Die Bedeutung der unteren Führungsebene in der Gruppenarbeit und ihr Wandel durch diese Arbeitsform sind Inhalt des dritten Abschnitts 2.1.3. Als Bezugspunkt für die Veränderungen in der Meisterfunktion wird zunächst die "klassische" Funktion der Industriemeister in der hocharbeitsteiligen Fertigung dargestellt (2.1.3.1). Die Bedeutung der Meisterebene in der Gruppenarbeit wird im darauffolgenden Abschnitt (2.1.3.2) beschrieben. Besondere Beachtung findet dabei die Funktion der Meister bei der Einführung und Umsetzung von Gruppenarbeit.

Einige der mit dem Funktionswandel der unteren Führungsebene einhergehenden Problembereiche werden im letzten Abschnitt (2.1.3.3) diskutiert, wobei vor allem die Relevanz des Führungsthemas im Rahmen des Funktionswandels verdeutlicht wird.

2.1.1 Formen der Gruppenarbeit

Hellpach beschrieb 1922 als einer der ersten Autoren die Arbeitsform Gruppenarbeit in der industriellen Produktion aus psychologischer Sicht (vgl. Hellpach, 1922). Wenngleich unter Gruppenarbeit seitdem in den zahlreichen theoretischen und praktischen Ansätzen der Organisationspsychologie und -soziologie immer wieder anderes verstanden wurde, so markiert die Definition von Gruppenarbeit, wie sie Hellpach in abgrenzender Kritik an der damaligen Massenfertigung Taylorscher Prägung formulierte, einen Anfang der Diskussion um alternative Arbeitsformen in psychologischer Perspektive.

Lang, ein Ingenieur der an der Einführung von Gruppenarbeit in dem von Hellpach untersuchten Betrieb beteiligt war, beschreibt die eingeführte Gruppenarbeitsstruktur wie folgt:

> [Die] Anordnung der Fabrikation, die wir mit Gruppenfabrikation bezeichnen wollen, geht davon aus, eine gewisse Anzahl verschiedener zusammengehöriger [Bau-] Teile (z. B. alle Teile des Vergasers, der Wasserpumpe, der Lenkung, des Getriebes) zu einer [Bauteil-] Gruppe zusammenzufassen und ihre ganze Bearbeitung in einer Fabrikationsgruppe durchzuführen. Eine solche Fabrikationsgruppe setzt sich aus allen Arten von Werkzeugmaschinen zusammen und umfaßt außer Maschinenarbeitern auch Schlosser und andere Handarbeiter. Sie ist in sich geschlossen und von anderen Betriebsabteilungen unabhängig, läßt

also auch hinsichtlich des Raumes für ihre Unterbringung großen Spielraum.
(Lang, 1919, S.4)

Die Vorteile der Gruppenarbeit sieht Lang in kürzeren Transportwegen der einzelnen Bauteile, der verbesserten Überwachung und Übersicht der Arbeit innerhalb der Arbeitsgruppe, weiterhin in der intensiveren Beschäftigung mit jedem Einzelteil der Bauteilgruppe und der Erhöhung der persönlichen Fertigkeit und des Verdienstes des Arbeiters.

Dem entsprechend wird Gruppenarbeit von Hellpach definitorisch eng an das Konzept der Werkstattfertigung angelehnt. Als Vorteile werden dabei abgrenzend zum Konzept der Massenfertigung folgende aufgezeigt (1922, S. 40ff.):

- Beteiligung aller Arbeiter der Gruppe am Zustandekommen des Produktes, wodurch die "Spezialisierung des Arbeiters auf spezielle Prozeduren" vermieden wird,

- menschliche Kontakte bleiben im Gegensatz zur Massenfertigung erhalten, "das Werkstück geht von Hand zu Hand",

- die Qualität des Endproduktes motiviert den Arbeiter in der Gruppenarbeit, während er in in der Massenfertigung keine Beziehung zum Endprodukt mehr hat.

Hellpach betont in seiner Schrift "Gruppenfabrikation" (1922) immer wieder die positiven "menschenseelischen" (S. 53) Auswirkungen der Gruppenarbeit. Aufgrund der rein ökonomischen Motivation der Gruppenarbeitseinführung in dem von ihm untersuchten Betrieb sieht Hellpach jedoch die "menschenseelischen Errungenschaften" der Gruppenarbeit durch die Betriebsleitung des einführenden Betriebes als bloße "Epiphänome" behandelt (Hellpach, 1922, S. 54).

Die Diskussion um die Gruppenarbeit bewegt sich auch heute noch zwischen den Polen der ökonomischen und den humanisierenden Eigenschaften dieser Arbeitsstruktur. Ziele bei der praktischen Einführung von Gruppenarbeit lagen und liegen meist in der Vermeidung der negativen Folgen hocharbeitsteiliger, taylorisierter Arbeitsstrukturen wie sie sich beispielsweise in Schnittstellenverlusten, Entfremdung von der Arbeit oder Effekten wie Monotonie oder Ermüdung (vgl. Hacker & Richter, 1984) zeigen.

Gruppenarbeit hat vielfältige Ausprägungsvarianten, die sich zunächst grob in solche Formen einteilen lassen, die innerhalb des Produktionsprozesses implementiert sind und solche, die außerhalb des Produktionsprozesses stattfinden (Antoni, 1990). Letztere werden hier nicht behandelt; als Beispiele seien lediglich Qualitätszirkel, Projektgruppen und Lernstattgruppen genannt.

In den Produktionsprozeß integrierte Formen der Gruppenarbeit können anhand unterschiedlicher Kriterien systematisiert werden. In der betrieblichen Realität wird der Begriff Gruppenarbeit darüber hinaus häufig abweichend von einheitlichen Kriterien verwandt (Waidelich & Scheurer, 1992).

In Anlehnung an Antoni (1992a) wird Gruppenarbeit als Arbeitsform definiert, bei der eine Aufgabenstellung von mindestens zwei Personen in einer gewissen Zeitspanne bearbeitet wird, die wechselseitige Abstimmung nach bestimmten Regeln und Normen erfordert. Als Ordnungskriterium schlägt Antoni den Grad der Offenheit von Tätigkeits- und Entscheidungsspielräumen der Gruppe vor (Abb. 1). Den Tätigkeitsspielraum bestimmen Art und Umfang der primären Aufgaben der Gruppe (entsprechend der sozio-technischen Systemtheorie sind dies Aufgaben, zu deren Erledigung die Gruppe geschaffen wurde). Der Entscheidungsspielraum wird durch Art und Umfang der sekundären Aufgabe der Gruppe (Aufgaben, die der Systemerhaltung und -regulation dienen) gekennzeichnet.

Als weitere Vorschläge für Kriterien zur Einordnung von Gruppenarbeitsformen seien an dieser Stelle der Autonomiegrad der Gruppen (Rohmert & Weg, 1976) und der Partizipationsgrad der Gruppen (Antoni, 1990) genannt.

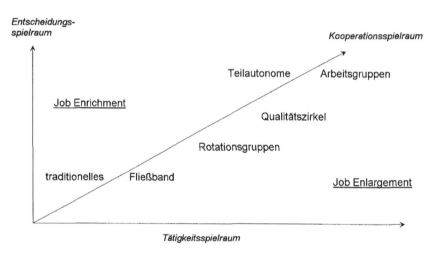

Abb. 1: Handlungsspielraum und Arbeitsorganisation (aus Antoni, 1992a, S. 91)

Ein maximaler Ausprägungsgrad von Gruppenarbeit liegt dann vor, wenn von den Gruppenmitgliedern gemeinsam primäre und sekundäre Aufgaben in Interdependenz bearbeitet werden. Mit dieser Form der Gruppenarbeit wird häufig das Konzept der teilautonomen Arbeitsgruppen assoziiert. Theoretisch liegen dieser Form der Gruppenarbeit die bahnbrechenden Studien der Tavistock-Forscher (Trist & Bamforth, 1951) im englischen Kohlebergbau aus den fünfziger Jahren zugrunde.

Unter teilautonomen Arbeitsgruppen versteht man funktionale Einheiten der regulären Organisationsstruktur, die konstant zusammenarbeiten und denen die Erstellung eines kompletten (Teil-) Produktes mehr oder weniger verantwortlich übertragen wird (Rohmert & Weg, 1976). Neben den Ausführungstätigkeiten werden teilautonomen Arbeitsgruppen auch die dazugehörigen Organisations-, Planungs- und Kontrollaufgaben übertragen. Zielsetzung dieser Form der Arbeitsorganisation ist der Aufbau unabhängiger, in bestimmten Grenzen selbstregulativ wirkender Organisationseinheiten. Die

Stabilisierung der Gruppen, die Verbesserung der Umgebungsbedingungen und andere den Gruppen übergeordnete Aufgaben werden dabei von einem Meister übernommen (Antoni, 1992b).

Das Konzept der teilautonomen Arbeitsgruppen verknüpft die Konzepte der Arbeitserweiterung (Job Enlargement), der Arbeitsbereicherung (Job Enrichment) und des Arbeitswechsels (Job Rotation). Der einzelne Mitarbeiter kann zwischen den verschiedenen Arbeitsplätzen wechseln, insgesamt jedoch werden Planung und Steuerung der übertragenen Aufgaben von der Gruppe gemeinsam vorgenommen. Die Gruppe entscheidet im Konzept der teilautonomen Arbeitsgruppen, welche Aufträge sie als nächstes bearbeitet und wie die Arbeiten in der Gruppe verteilt werden. Obwohl das "Wo, wann und wie" der Arbeit weitestgehend vorstrukturiert ist (Wunderer & Grunwald, 1980, S. 391), handelt es sich bei den teilautonomen Arbeitsgruppen um eine Arbeitsform mit hohem Entscheidungs- und Tätigkeitsspielraum.

Bei der Einführung teilautonomer Arbeitsgruppen in Skandinavien während der siebziger Jahre bestand das primäre Ziel in der Senkung von Fluktuations- und Abwesenheitsraten durch stärkere Befriedigung individueller Bedürfnisse, insbesondere nach Selbstbestimmung am Arbeitsplatz. In den Projekten des "Humanisierung des Arbeitslebens"-Programms wurden auch in Deutschland Teilautonome Arbeitsgruppen eingeführt, die bald höchst kontrovers diskutiert und Ende der siebziger Jahre fast vollständig aufgelöst wurden (vgl. Bungard & Antoni, 1993, S. 393 f.).

Die in der betrieblichen Praxis eingeführten teilautonomen Arbeitsgruppen weisen letztlich sehr unterschiedliche Offenheitsgrade hinsichtlich Tätigkeits- und Handlungsspielräumen auf. Rosenstiel & Weinkamm stellen fest, daß Kriterien wie die Selbstbestimmung über Rahmenbedingungen, Aufgabenverteilung, Produktionsmethode, Führungsfragen und Gruppenzusammensetzung "faktisch in sehr unterschiedlichem Maße erfüllt sind, wobei keine Gruppe aufgefunden wurde, in der alle der genannten Kriterien voll erreicht waren." (1980, S. 249).

Seit Beginn der achtziger Jahre zeigen Unternehmen und Forschung wieder verstärktes Interesse an Gruppenarbeit. Im Mittelpunkt stehen dabei die Produktivitätsvorteile dieser Arbeitsform. In der Ausprägung der europäischen Lean Production wird seitdem in verschiedenen industriellen Bereichen Gruppenarbeit eingeführt. In der Literatur wird jedoch z.T. deutlich hervorgehoben, daß sich diese neue Form der Gruppenarbeit von den Formen teilautonomer Arbeitsgruppen stark unterscheidet (Antoni, 1992b).

Bevor auf diese Unterschiede näher eingegangen wird, werden zunächst einige der Hintergründe des erneuten Interesses an Gruppenarbeit beschrieben.

2.1.2 Gruppenarbeit im Rahmen von Lean Production

Grundsätzliche Veränderungen in den Rahmenbedingungen industrieller Produktion führten Ende der achtziger Jahre zu einer erneuten Kritik an tayloristisch organisierten Produktionsstrukturen. Für die Forderung nach einem "Ende der Arbeitsteilung" (Kern & Schumann, 1984) lassen sich drei Hauptgründe identifizieren (vgl. Antoni, 1992a, S. 90 f.):

1. Verschärfte Wettbewerbsbedingungen

> Steigende Anforderungen an Qualität und Lieferzeit in allen Industriebereichen, eine steigende Anzahl von Produktvarianten bei insgesamt sinkenden Losgrößen, steigender Kostendruck und kürzere Produktlebenszyklen setzen die Unternehmen einem erhöhten Konkurrenzdruck aus.

2. Technologische Entwicklung

> Flexible, automatisierte Fertigungssysteme erfordern eine grundsätzliche Umorientierung der Arbeitsorganisation. Die effektive Nutzung der kostenintensiven Technologien steht dabei im Mittelpunkt der Entwicklung: Durch die Förderung arbeitsintegrativer Maßnahmen (Kern & Schumann, 1984) und andere Interventionen wird die Gewährleistung der Maschinenauslastung durch die verbesserte Nutzung humaner Ressourcen angestrebt.

3. Wertewandel

> Die Werteverschiebung vom Bereich materialistischer Werte klassischer Arbeitstugenden wie Pünktlichkeit, Fleiß, Ordnung und Gehorsam hin zu postmaterialistischen Werten ließen nicht nur den Wert der Freizeit, sondern auch die Qualität der Arbeit insgesamt in den Vordergrund treten (Inglehart, 1977).

Die Unzulänglichkeit tayloristischer Arbeitsstrukturen wird bei der Reaktion auf solche Veränderungen in den Rahmenbedingungen der Produktion deutlich: Im Sinne des Taylorismus müßte die Anpassung an die gewandelten Strukturen in einer weiteren Spezialisierung und Standardisierung der Arbeitsorganisation liegen, wodurch der Aufwand für die Steuerung und Koordination der Organisation immens steigt (vgl. Antoni, 1992b, S. 40).

Angesichts dieser neuen Anforderungen an die Unternehmen sind Konzepte ins Feld des Interesses gerückt, die unter dem Titel der Lean Production japanischer Prägung (Womack, Jones & Roos, 1991) bzw. des Toyotismus (Jürgens, Malsch & Dohse, 1989) als neue Organisationsparadigmata diskutiert werden. Hier soll eine "schlanke" Organisation mit dem Aufbau dezentraler, flexibler Organisationseinheiten besser als tayloristisch-fordistische Strukturen in der Lage sein, sich der Dynamik der Märkte anzupassen.

Einer der Auslöser der Diskussion in Forschung und Praxis um schlanke(re) Produktionsformen, mit denen die Probleme der hocharbeitsteiligen, unflexibel gewordenen und übermäßig hierarchisierten Fertigungen überwunden werden sollten, ist die Publikation des International Motor Vehicle Programs des Massachussets Institute of Technology mit dem Titel "Die zweite Revolution in der Automobilindustrie" (Womack, Jones & Roos, 1991). In populärwissenschaftlicher Form werden hier eindrucksvoll die Wettbewerbsvorteile japanischer Organisationsformen aufgezeigt. Die Kennzeichen der japanischen Lean Production sind die Rücknahme der Arbeitsteilung, der Abbau von Hierarchieebenen, der Verzicht auf Kontrolle und außerdem die Arbeitsorganisation in Gruppen (Schumann, Baethge-Kinsky, Kuhlmann, Kurz & Neumann, 1992, S. 15).

Gruppenarbeit japanischer Prägung weist gegenüber Gruppenarbeitsformen europäischer Tradition wie den teilautonomen Arbeitsgruppen unverändert kurze Takt- und Zykluszeiten, gleichbleibende Repetivität und Monotonie der Arbeit auf (Antoni, 1992b). Es handelt sich bei der japanischen Form der Teamarbeit um einen Ansatz, dessen Schwerpunkt in der Integration von "direkten" und "indirekten" Arbeiten (d.h. der Erweiterung der Produktionsarbeit um Aufgaben der Instandhaltung, Qualitätssicherung, Programmierung und Fertigungssteuerung) in die Arbeitsgruppe liegt. Die Arbeitsgruppe übernimmt eine räumlich oder sachlich zusammenhängende Aufgabe, deren Bearbeitung in ständigem Arbeitswechsel der Arbeiter erfolgt.

Kritisch ist zum Gruppenarbeitskonzept der Lean Production japanischer Prägung zu bemerken, daß es sich bei den hierunter fallenden Arbeitsformen eher um einen "flexiblen" (Berggren, 1988, S. 250) oder "integrativen" (Klebe & Roth, 1998, S. 27) Taylorismus mit "voll erhaltener Arbeitsteilung" (Antoni, 1992b, S. 49) handelt als um Gruppenarbeit. Auch Antoni weist darauf hin, daß die japanischen Gruppenarbeitskonzepte in der Lean Production von den Projekten der Humanisierung der Arbeit und den skandinavischen Gruppenarbeitskonzepten der siebziger Jahre abzugrenzen sind. Neben der Nichtverwirklichung "technischer Teilautonomie" wird auch keine "organisatorische Teilautonomie" verwirklicht. Fragen der internen Regulation (Arbeitsaufteilung, Pausen, Urlaub etc.) werden im japanischen Modell von einer Führungskraft übernommen (Antoni, 1992b, S. 49). Der Arbeitsdruck auf den Mitarbeiter ist in dieser Arbeitsform relativ hoch, was der Gruppenarbeit im Rahmen japanischen Lean Managements die Bezeichnung "management by stress" eingebracht hat (Parker & Slaughter, 1988).

Ausgehend von dieser neuen Form der Arbeitsorganisation wurden in den achtziger Jahren in Europa im Zuge einer "Renaissance der Gruppenarbeit" (Antoni, 1992a, S. 86) verschiedene Konzepte von Gruppenarbeit entwickelt, eingeführt und diskutiert. Das Ziel bestand sowohl in der Erhöhung der Qualität des Arbeitslebens als auch in der Verbesserung der Wirtschaftlichkeit der Produktion. Im Rahmen der neueren Entwicklungen werden in der Literatur eine Reihe von Mischformen der Gruppenarbeit beschrieben, die weder als teilautonome noch als rein japanisch geprägte Formen der Gruppenarbeit bezeichnet werden können.

In puncto Gruppenautonomie definiert Muster (1988) in Abgrenzung gegen japanische Modelle als Gestaltungmerkmale der in Deutschland eingeführten Gruppenarbeitsprojekte, daß hier die Arbeit zumindest teilweise das Ergebnis kollektiver Planungsprozesse ist, ein Mindestmaß an Eigenkontrolle über die quantitativen Leistungsbedingungen herrscht und daß durch die mit dem Arbeitswechsel einhergehenden Qualifikationsmaßnahmen eine Höherqualifizierung des Mitarbeiters eintritt (vgl. Muster, 1988, S. 261).

Im folgenden wird der Versuch unternommen, die neuen Gruppenarbeitskonzepte, hier als Gruppenarbeit in der europäischen Lean Production bezeichnet, vor dem Hintergrund der in Kapitel 2.1.1 genannten Kriterien beschreibend einzuordnen. Ebenso wie bei der Einführung der Gruppenarbeit in den siebziger Jahren haben sich auch für die europäische Lean Production in der Praxis verschiedene Formen der Gruppenarbeit herausgebildet, so daß bei der folgenden allgemeinen Beschreibung notwendigerweise idealisierend verfahren werden muß.

2.1.2.1 Merkmale von Gruppenarbeit in der europäischen Lean Production

Im Prinzip handelt es sich bei der Gruppenarbeit in der europäischen Lean Production um einen arbeitsintegrativen Ansatz, bei dem Umfeldaufgaben wie Instandhaltung, Transport, Qualitätssicherung, Programmierung und Fertigungssteuerung in die Gruppe, die eine gemeinsame Gesamtaufgabe löst, integriert werden. Es bildet sich der Arbeitskrafttypus des Systemregulierers heraus, der durch erhöhte Prozeßkompetenz im Sinne eines breiten Zugriffs auf die relevanten Prozeßvariablen gekennzeichnet ist. Es kann somit regulierend und steuernd in die Steuerungsprogramme und in die Anlagetechnik eingegriffen werden (vgl. Schumann et al., 1992).

Es findet Job Rotation statt, für die Qualifikationsprogramme bereitgestellt werden. Primäre und sekundäre Aufgaben der Gruppe, d.h. ihre Tätigkeits- und Entscheidungsspielräume, sind in der europäischen Lean Production im Vergleich zu dem Konzept der teilautonomen Arbeitsgruppen begrenzt. Personaleinsatz, Aufgabenzuweisung und Aufgabenplanung finden unter Beteiligung der Gruppe statt, vorgegeben sind Entscheidungen über Produktionsmethoden, Produktionsvolumen und Personalbestand (vgl. Strasmann, 1986, S. 93). Kuckelkorn geht in der Beschreibung des Autonomiegrades jedoch so weit, neue Formen der Gruppenarbeit als eine "selbständige, eigenverantwortliche Erledigung einer Aufgabenstellung ohne Fremdkontrolle" zu bezeichnen (1988, S. 96).

Die Gruppe verfügt über keinen internen Gruppenführer. Es gehört zu den Kennzeichen des Konzeptes, daß viele der klassischen Führungsfunktionen wie Planen, Probleme lösen, Koordinieren, Motivieren und Kontrollieren in weiten Teilen in die Gruppe selbst übergehen (vgl. Stürzl, 1992, S. 78). Entscheidungen und Belange der Gruppe werden in den regelmäßigen Gruppensitzungen, die während der Arbeitszeit stattfinden, besprochen. Die Moderation der Gespräche kann dabei von einem frei gewählten Gruppensprecher übernommen werden. Dieser kann darüber hinaus von der Gruppe die Aufgabe zugeteilt bekommen, Kontakt zu anderen Arbeitsgruppen und dem direkten Vorgesetzten herzustellen (vgl. Kreikebaum & Herbert, 1988, S. 91f.).

Die (Re)Integration spezialisierter Tätigkeiten in Arbeitsgruppen, wie sie in dieser Form der Gruppenarbeit vorgenommen wird, soll im Bezug auf die Gesamtproduktivität gegenüber der hocharbeitsteilig organisierten Einzelfertigung eine Reihe von Vorteilen vorweisen (Seel, 1990). Zunächst soll durch die Verknüpfung von Arbeitsplanung und Arbeitsausführung, die in der Gruppe vorgenommen wird, die Ablauforganisation verbessert werden. Durch die Verbesserung von Qualifikation und Kooperation sollen die unproduktiven Zeiten des Arbeiters vermindert werden und der Gesamtwirkungsgrad des Arbeiters sich erhöhen. Durch eine flexiblere Definition der Arbeitsrollen innerhalb der Arbeitsgruppe schließlich soll die Arbeit selbst intensiviert werden. Die Nutzung des Erfahrungswissens des Mitarbeiters spielt bei dieser Form der Gruppenarbeitsorganisation eine zentrale Rolle (Ulich, 1991).

Nicht unerwähnt soll an dieser Stelle das Rationalisierungspotential dieser arbeitsintegrativen Form der Gruppenarbeit bleiben (vgl. Breisig, 1989). Durch den Einbezug von indirekten, d.h. Umfeldtätigkeiten in das Aufgabenspektrum der Arbeitsgruppe wird Arbeitskraft in der indirekten Produktion eingespart (Jürgens, Dohse & Malsch, 1985). Gruppenarbeit im Rahmen der Lean Production bietet deshalb eine besonders effektive Nutzung humaner Ressourcen an. Sie wird als "ökonomisch überlegene Form der Arbeitsorganisation" beschrieben (Klebe & Roth, 1989, S. 23). Die Modelle und praktischen Umsetzungen neuer Formen der Gruppenarbeit sind hinsichtlich dieser Fragen auch in der Öffentlichkeit kontrovers diskutiert worden (Herrscht jetzt Anarchie?, 1991).

2.1.3 Die Meisterebene in der Gruppenarbeit

Die Autonomiegrade in verschiedenen Gruppenarbeitsformen können erheblich variieren (vgl. Kap. 2.1.1). Entsprechend gestaltet sich der tatsächliche Grad an Mitbestimmung auf der Ebene der Gruppe. In einem direkten Zusammenhang sehen Wall und Lischeron (1980) den Partizipationsgrad (das Ausmaß an Beteiligung am Problemlösungsprozeß) und den Machteinsatz des Vorgesetzten. In Anlehnung an das Partizipationskontinuum des Führungsverhaltens von Tannenbaum und Schmidt (1958) wird angenommen, daß ein höherer Partizipationsgrad der Gruppe an Entscheidungen direkt und linear mit einem geringeren Machteinsatz des Vorgesetzten einhergeht. Die Meisterebene stellt in der Produktion die Hierarchieebene dar, die den Arbeitsgruppen direkt übergeordnet ist. Es ließe sich annehmen, daß sich mit zunehmendem Partizipationsgrad der Gruppen an Entscheidungen am Machteinsatz des Meisters als unmittelbarem Vorgesetzten der Gruppe ebenso Veränderungen ergeben. Entsprechend ist die Respektierung und Förderung der Gruppenautonomie durch die Meisterebene ist eine häufig genannte Forderung (vor allem praxeologisch gelagerter Veröffentlichungen zum Thema) an die Einführung neuer Formen der Arbeitsorganisation (Grob, 1992, S. 29).

Allgemein läßt sich feststellen, daß die Meisterebene bei der Einführung neuer Formen der Arbeitsorganisation häufig als Hierarchieebene diskutiert wird, die besonders problembehaftet zu sein scheint. Bargmann (1984) sieht in der Meisterebene ein "Innovationshemmnis" bei HdA-Projekten. Für Fischer (1993) stellt die Einführung von Gruppenarbeit einen der Auslöser für die von ihm postulierte aktuelle Meisterkrise dar. Ein britisches Unternehmen brach sogar seine Experimente mit partizipativen Arbeitsformen ab, weil ihm die Probleme mit den Meistern als zu schwerwiegend erschienen (vgl. Klein, 1983). In einem Fall der Einführung partizipativer Arbeitsformen eines amerikanischen Automobilherstellers konnte es durch massive, artikulierte Widerstände der Meisterebene nicht zu einer Reorganisation der unteren Führungsebene kommen (Scheinecker, 1988).

Neue Produktionskonzepte oder die teilweise Abkehr vom Taylorismus verändern die Rolle der Koordination und Leitung im Bereich der unteren Führungsebene:

> Konzeptionen von Gruppenarbeit, die auf die Delegation von Verantwortung und die Übertragung dispositiver Funktionen setzen, implizieren, daß die unteren Führungskräfte einen Teil ihrer Befugnisse an die sich stärker selbst steuernden Arbeitsgruppen abgeben. Auch hierdurch verlieren die unmittelbaren Vorgesetzten, und also auch die Meister ihnen bislang persönlich zustehende Eingriffs- und Anweisungsrechte und daher Machtpotentiale. Betriebliche Herrschaft wird ihres unmittelbar anschaulichen 'despotischen' Charakters entkleidet, wenn Eigenverantwortung und Selbstdisposition - in kontrollierten Grenzen, das versteht sich - Anordnung, Anweisung und Disziplinierung durch Vorgesetzte ablösen. (Fischer, 1993, S. 41 f.)

Wiederholt wird in der Literatur auch die Frage formuliert, ob der Arbeitskrafttypus des Meisters in der Gruppenarbeit überhaupt noch eine Funktion erfüllt (Antoni, 1992a, Fischer, 1993). Dadurch wird, so Antoni (1992b, S. 33), die "Diskussion über neue Formen der Arbeitsorganisation [...] immer auch eine Diskussion über die künftige Rolle des Meisters."

2.1.3.1 Die Meisterebene in traditioneller Einzelarbeitsorganisation

Zur Klärung der begrifflichen Vielfalt vorhandener Meisterdefinitionen (Werks-, Schicht-, Gruppen-, Vizemeister etc.) soll im folgenden in Anlehnung an Antoni (1992b) unter der Bezeichnung "Meister" die betriebliche Führungsebene verstanden werden, die offiziell Personalverantwortung für Mitarbeiter der ausführenden Ebene trägt.

Die Meisterebene hat als Schnittstelle zwischen Unternehmens- und Mitarbeiterinteressen im Betrieb eine wichtige, "zum Teil auch streßbehaftete" Vermittlungsfunktion (Antoni, 1992b, S. 34). Die sich hieraus ergebende doppelte Interessensvertretung, mit der Förderung von Vertrauen der Mitarbeiterseite einerseits und dem Ausführen von Aufträgen des Managements andererseits, kennzeichnet Vermittlungspositionen wie die Meisterebene als eine der verletzlichsten Stellen (Dahrendorf, 1959) einer Organisation. Durand und Touraine (1970) beschreiben die Meisterebene außerdem durch eine weitere Doppelfunktion: Einerseits der technischen Organisation der Arbeit sowie andererseits der sozialen Funktion der hierarchischen Vermittlung und Führung einer Gruppe von Arbeitern.

Im Laufe dieses Jahrhunderts haben sich die Funktionen und Aufgaben des Meisters mehrfach gewandelt. Während zu Beginn des Jahrhunderts zu den Aufgaben des Meisters neben der fachlichen Personalführung (Zuweisung und Überwachung der Aufgabenstellung der Mitarbeiter) und der technischen Funktion (Sicherstellung der Stückzahlen) auch die disziplinarische Personalführung (Leistungsbeurteilung und Bestrafung) und die Bereitstellung des Materials gehörte (Freimuth, 1988), wurden im Zuge zunehmender Funktions- und Arbeitsteilungen planende, steuernde und kontrollierende Aufgaben aus dem Aufgabenspektrum des Meisters ausgelagert.

Diese durch Spezialisierung und Zentralisierung von Funktionen ausgelöste erste Meisterkrise wurde in den letzten Jahren durch den Einzug neuer Fertigungs- und Informationsverarbeitungstechnologien weiter verschärft und gab Anlaß für die These des Funktionsverlustes der Meister (Bungard, 1990). Die Bedienung, Einrichtung und Programmierung computergesteuerter Maschinen und Anlagen erfordern ein Spektrum von Kenntnissen, über die der Meister nicht mehr verfügen kann. Die entsprechend geschulten Facharbeiter und Anlagenführer haben auf ihrem Fachgebiet notwendigerweise fundiertere Kenntnisse als der Meister. Des weiteren sinkt der Koordinations- und Kontrollaufwand der Hierarchieebene Meister aufgrund der Ersetzung desselben durch die programmierte Maschine (vgl. Staehle, 1991, S. 523).

Insgesamt wurde die Machtposition der Meister im Laufe der Zeit immer schwächer (vgl. Staehle, 1991, S. 9). Ließ sich am Anfang des Jahrhunderts noch von einer "Meisterherrschaft" (Manske et al., 1987) sprechen, so blieben nach dem grundlegenden Wandel der Organisationsformen, der fortschreitenden Arbeitsteilung des Taylorismus und den Entwicklungen automatisierter Fertigungen in der Einzelfertigung heutiger Prägung vor allem solche Aufgaben beim Meister, die Antoni (1992b, S. 37) als "Feuerwehrfunktionen" bezeichnet.

Aus einer Tätigkeitsanalyse von Meistern aus dem Jahr 1980 von Frieling & Maier geht für die Tätigkeit in der Einzelfertigung die nachfolgend dargestellte prozentuale Zeitverteilung hervor:

- Kontakte zu vor- und nachgelagerten Bereichen: 22%
- Besorgung fehlender Teile: 12%
- Bearbeitung technologischer Fragen: 12%
- Steuerung der Auftragsreihenfolge bzw. Auftragsbearbeitung: 9%
- Steuerung des Personaleinsatzes: 9%
- Überwachung des Fertigungsfortschritts : 8%
- Materialbereitstellung: 7%
- Personalführung: 7%
- Überwachung der Qualität: 6%
- Bearbeitung von Betriebsmittelstörungen: 4%
- sonstige Verwaltungstätigkeiten: 4%

Tab. 1: Tätigkeits-Zeitverteilung für Meister in Einzelfertigung (aus Frieling & Maier, 1980)

Insgesamt werden in der Forschungsliteratur abgesehen von groben Übereinstimmungen in den drei Grundfunktionen der technischen, sozialen und organisatorischen Aufgaben unterschiedliche und widersprüchliche Beschreibungen des Aufgabenspektrums der Meister vorgenommen (vgl. Seel, 1990, S. 142). In diesem Sinn schreibt Bargmann:

> "Eines ist jedoch allen Funktionskatalogen gemeinsam: sie vereinigen eine solche Vielzahl recht differenzierter und heterogener Funktionen des Meisters, daß sich die Frage aufdrängt, ob eine Person allein diese Aufgabenfülle auch nur annähernd zu bewältigen in der Lage ist." (1984, S. 50 f.)

2.1.3.2 Veränderungen der Meisterfunktionen durch Gruppenarbeit

Als "geradezu dramatisch" bezeichnet Ulich (1983, S. 74) die Veränderungen in der Aufgabenstruktur der Meister durch die Einführung von Gruppenarbeit teilautonomer Prägung. Während die Meister in der traditionellen Einzelarbeit zu zwei Dritteln ihrer Zeit quantitative Produktionsziele verfolgen (vgl. die oben dargestellte Zeitverteilung von Frieling & Maier), tragen Meister in der Gruppenarbeit zu demselben Zeitanteil Sorge für die Mitarbeiter und die Weiterentwicklung des Arbeitssystems. In einer ähnlich gelagerten Untersuchung von Antoni (1992b) entfielen je nach Größe der Meistereien in Gruppenarbeit zwischen 18 und 29 Prozent der Gesamttätigkeit auf die Personalführung. Dies führte zu einer neuen Definition der Funktionen der unteren Führungsebene (Antoni, 1990).

Der Meister ist in der Gruppenarbeit nicht mehr "Antreiber" und "Aufseher" seiner "Untergebenen" (vgl. Stürzl, 1992, S. 217), sondern als Ansprechpartner eher ein Vermittler zwischen Unternehmensleitung und den Arbeitsgruppen. Damit gewinnen überfachliche, prozeßunabhängige Qualifikationen für die Meisterrolle an Bedeutung. Meister sind nunmehr dafür zuständig, die Rahmenbedingungen für eine erfolgreiche Gruppenarbeit über ein "soziales Management" sicherzustellen (ebd., S. 218).

Diese "Neuverteilungen von Meister-Kompetenzen" (Fischer, 1993, S. 189) sind stark von der Form der eingeführten Gruppenarbeit abhängig: "Je mehr Aufgaben und Verantwortung an die Gruppen delegiert wird, desto stärker wird sich auch das Rollenbild des Meisters ändern." (Antoni, 1992b, S. 51).

Die veränderte Rolle des Meisters in der Gruppenarbeit der oben beschriebenen Form in der europäischen Lean Production stellt Stürzl wie folgt dar:

Der Meister betreut die Gruppe in seinem Arbeitsbereich, er sorgt neben der Einhaltung vorgegebener Ziele für die Versorgung der Gruppe mit relevanten Informationen. Der Meister unterstützt die Gruppe bei Problemlösungen und berät auf Anfrage bei Entscheidungen über die Besetzung der einzelnen Arbeitsplätze der Gruppe, wobei Fragen des Personaleinsatzes, die über die Entscheidungskompetenz der Gruppe hinausgehen von ihm geregelt werden. Er ist verantwortlich für die gruppen- sowie bereichsübergreifende Koordination und Kommunikation. Der Meister veranlaßt die notwendige Qualifizierung der Mitarbeiter in seinem Arbeitsbereich, er nimmt wie in Einzelarbeit Mitarbeiterbeurteilungen vor (vgl. Stürzl, 1993, S. 218 f.).

Für Stürzl "stellt die Gruppenarbeit auch nicht, wie dies hin und wieder artikuliert wird, die Position des Meisters in Frage, sondern gibt ihr eine andere Bedeutung." (1993, S. 218).

Über diese Verschiebungen und qualitativen Veränderungen der Bedeutung verschiedener Aspekte seines bisherigen Tätigkeitsspektrums hinaus kommt dem Meister eine zentrale Funktion in der Einführung und Umsetzung von Gruppenarbeit zu. Diejenigen Kompetenzbereiche, die vom Meister an die Gruppe abgegeben werden, müssen von ihm den direkt tätigen Mitarbeitern der Gruppe vermittelt werden, d.h. der Meister muß in der Lage sein, seine eigenen Kompetenzen weitergeben zu können. Die Arbeitsaufteilung, der Arbeitsablauf und die Übertragung dispositiver Arbeitsaufgaben in die Arbeitsgruppe wird daher in der Einführungsphase neuer Gruppenarbeitsformen zunächst vom Meister gesteuert (Euler, 1987, S. 177), zumal die Entschlußkraft der Arbeitsgruppe in dieser Phase noch sehr schwach entwickelt ist (Klein & Posey, 1986).

In diesem Zusammenhang spielt der Aspekt der Reprofessionalisierung der Fabrikarbeit (Kern & Schumann, 1984) auf der Ebene der direkten Mitarbeiter eine wichtige Rolle. Es kommt dem zufolge zu einer Reintegration der tayloristischen Spezialisierungen und Teilungen der Arbeitstätigkeiten und deshalb zu einer Entstehung ganzheitlicherer Formen der industriellen Arbeitskraftnutzung. Diese kann zunächst zu einem Funktionsverlust und zur allgemeinen Abwertung der unteren Führungsebene führen (Fischer, 1993, S. 313). Letzlich jedoch, so argumentiert Fischer weiter, führt die Einführung neuer Formen der Arbeitsorganisation zu einer "Aufwertung der produktiven Arbeit", die durch Requalifizierung, Reaktivierung kooperativer Kompetenzen und Steigerung des Verantwortungsgefühls für eine kontinuierliche Produktion "alle im Produktionsprozeß Tätigen" betrifft (Fischer, 1993, S. 313).

Zusammenfassend schreibt Stürzl zum Wandel der Funktion der Meisterebene durch die Einführung von Gruppenarbeit:

> War der Meister früher derjenige, der die Entscheidungen über Arbeitsvergabe, Personaleinsatz sowie Freistellung für Urlaub oder Fortbildung zu treffen hatte und für die Ausübung der Kontrollfunktionen in seinem Arbeitsbereich zuständig war, so hat seine Rolle mit der Einführung des Gruppenarbeitskonzeptes einen fast revolutionären Wandlungsprozeß erlebt. Seine Autorität qua betrieblicher Position wird in Frage gestellt, und die Strukturen der Über- und Unterordnung im betrieblichen Hierarchiegefüge lockern sich. So wird ein Teil der klassischen Führungsfunktionen des Meisters von den Gruppen selbst wahrgenommen, und der Meister ist in weit höherem Maße gezwungen, sich 'Autorität' auf der Basis eines kooperativen Verhaltens zu erarbeiten. (1993, S. 217)

Als weiteren Unterschied der Arbeitssituation der Meister in Gruppenarbeit gegenüber der Einzelarbeitssituation läßt sich die wesentlich geringere horizontale wie vertikale Segmentierung der Beschäftigtenstruktur betrachten. Die soziale Distanz zwischen Arbeiter und Meister ist in der Gruppenarbeit geringer. Außerdem sind die Führungsspannen in der Gruppenarbeit verkleinert, sie liegen zwischen der Hälfte und einem Drittel der Führungsspannen in Einzelarbeit (vgl. Antoni, 1992b, S. 51). Die Form der Kontrolle des Meisters in der kleiner gewordenen Führungsspanne soll sich darüber hinaus von einer "Ablaufkontrolle" der Einzelfertigung zu einer "Ergebniskontrolle" in der Gruppenarbeit verändern (Grob, 1992, S. 29).

2.1.3.3 Problembereiche des Funktionswandels

Fischer (1993) bezeichnet die Einführung neuer Formen der Arbeitsorganisation als Auslöser einer "zweiten Meisterkrise" und er sieht an dem Arbeitskrafttypus Meister in den industriellen Fertigungen mit partizipativen Arbeitsformen Tendenzen der Erosion (vgl. auch Freimuth, 1988).

Die an sich bereits durch eine relativ hohe Arbeitsbelastung geprägte betriebliche "Puffersituation" der Meisterposition (vgl. Kap. 2.1.3.1.) wird durch Veränderungen in der Arbeitsorganisation erschwert. Girschner-Woldt berichtet von einem Fall in einem Unternehmen, bei dem das Angebot der freiwilligen Teilnahme an einem Beteiligungsmodell von den Meistern wegen möglicher zusätzlicher Arbeitsbelastung boykottiert wurde (Girschner-Woldt, 1986). In einem anderen Projekt zur Einführung eines Beteiligungsverfahrens führten die Meister ebenfalls die mit der Projektgruppenarbeit für sie verbundene persönliche Mehrarbeit und zusätzliche Belastung als Argumente gegen die geplante Maßnahme an. Darüber hinaus wurden die in der Einführungsphase zu erwartenden Zeitverluste und Personalausfälle, die möglicherweise unzureichenden Möglichkeit der Einflußnahme der Vorgesetzten und Experten auf die Arbeit der Projektgruppen, die Verschlechterung der Arbeitsmoral, sowie die Unproduktivität der Gruppenarbeit genannt (vgl. Fricke & Wiedenhofer, 1985).

Die Bedenken gegenüber der Einführung von Gruppenarbeit von seiten der Meister sieht Duell in Formulierungen ausgedrückt wie: "Ich habe zwar nichts gegen Gruppenarbeit, aber Gruppenarbeit muß etwas bringen [...], die Autorität des Vorgesetzten darf nicht in Frage gestellt werden [...], die Gruppenarbeit darf nicht zu endlosen Diskussionen führen und einmal beschlossene Maßnahmen nicht in Frage stellen." (1992, S. 4). Weiterhin bemerkt Duell im Bezug auf die Veränderung des Rollenverständnisses der Meister, daß "viele Meister über wenig Kenntnisse im Umgang mit Gruppen und im Lösen sozialer Probleme" verfügen, was bei der Einführung von Gruppenarbeit mit ihren hohen Kooperationsanforderungen (Altmann, Binkelmann, Düll & Stück, 1982) zu der Entstehung einer Überforderungssituation beitragen kann (Duell, 1992, S. 3 f.).

Der im Praxisfall stattfindende Funktionswandel auf der unteren Führungsebene muß letztlich für jeden Meister auch als "Resultat [...] von Auseinandersetzungen und Aushandlungsprozessen interpretiert werden" (Fischer, 1993, S. 309). D.h. welche Verlagerungen sich im Funktionsspektrum des einzelnen Meisters ergeben und zu welchen Zugeständnissen an die Autonomie der Gruppe es in der Praxis tatsächlich kommt, ist als abhängig von den unterstellten Beschäftigten zu betrachten:

> Inwieweit Meister von Gruppenarbeit überzeugt werden können, hängt zum großen Teil davon ab, ob bzw. daß [sic] die Erweiterung des Handlungsspielraums der Mitarbeiter nicht im Gegensatz zu ihren eigenen Interessen steht, sondern eine Voraussetzung ihres eigenen Spielraumes ist. (Duell, 1992, S. 5)

Einen weiteren Problembereich sieht Seel (1990, S. 150) in dem Verbleiben der alleinigen Verantwortung für Produktions- und Gruppenergebnisse beim Meister, der in der Gruppenarbeit dadurch ständig versucht ist, das Prinzip der Ergebniskontrolle durch die Gruppe zu verletzen und in den Kompetenzbereich der Gruppe einzugreifen.

Sollen langfristig funktionierende Arbeitsgruppen installiert werden, ist das Zugeständnis wirklicher Entscheidungskompetenzen an die Gruppe zur Vermeidung von "pseudopartizipativen" Arbeitsstrukturen wichtig, die zu rascher Demoralisierung der Gruppen führen können. Dies gilt vor allem für kritische Situationen im Arbeitsprozeß, in denen die vermeintliche Autonomie der Gruppe durch ein "Eingreifen" des Meisters in die Entscheidungskompetenzen der Gruppe gestört wird (Hackman & Oldham, 1980, S. 211). Auch Schumann (Vortrag anläßlich einer Evaluation von Gruppenarbeit im untersuchten Betrieb, 13.9.1993) erwähnt die Gefahr der Etablierung einer "neuen Meisterwirtschaft" bei der die Einführung neuer Formen der Arbeitsorganisation, die für den direkten Mitarbeiter keine Veränderungen ihrer Arbeitssituation in puncto Mitbestimmung herbeiführt, sondern deren Zweck vielmehr in einer der Gruppenarbeit immanenten Alibifunktion liegt (vgl. auch Bungard & Antoni, 1993, S. 378).

Das Thema des Führungsverhaltens der Meister nimmt in der Diskussion um die Einführung neuer Formen der Arbeitsorganisation eine prominente Stellung ein. Die Forderung nach mehr (Ulich, 1983) und anderer Führung (vgl. Kap. 2.2.3) von Meistern in Gruppenarbeit wird in der Forschungsliteratur häufig thematisiert. Wie zu Beginn dieses Abschnittes bereits erwähnt, erhöht sich mit der Einführung von Gruppenarbeit der Anteil an Führungsaufgaben der Meister drastisch. Im Bezug auf Zeitanteile läßt sich rein quantitativ Führung in der Gruppenarbeit als die prominenteste Meisteraufgabe bezeichnen (Antoni, 1992b, Bungard & Antoni, 1993). Dies ist auch der Fall, wenn sich, wie Seel bemerkt, durch die Forderung nach einem neuen Meisterführungsstil nichts an der Pufferfunktion dieser Ebene ändert, die durch das Aufeinandertreffen von traditionellen und neuen Formen der Arbeitsorganisation gerade in der Umbruchsituation der Einführung von Gruppenarbeit noch verschärft wird (1990, S. 152).

Auf den qualitativen Wandel der Anforderungen an das Führungsverhalten der Meister mit der Einführung der Gruppenarbeit und den Auswirkungen dieses Wandels im Hinblick auf Widerstände und Möglichkeiten der Anpassung des Führungsverhaltens an die situativen Anforderungen der Gruppenarbeit wird im folgenden Kapitel eingegangen. Welche Führungsfunktionen in der Gruppenarbeit gegenüber der Einzelarbeit im Vordergrund stehen und welche Probleme bei der Umsetzung der entsprechenden Anforderungen an die untere Führungsebene entstehen, wird ausführlich zu diskutieren sein.

2.2 Arbeitssituation und Führungsverhalten

Gruppenarbeit stellt als Arbeitssituation andere Anforderungen an eine Führungsperson als eine hocharbeitsteilige Einzelarbeitssituation. Neben den Veränderungen in der Arbeitsstruktur, die in Kapitel 2.1 aufgezeigt wurden, bringt die Einführung von Gruppenarbeit für das Führungsverhalten der Meister veränderte Anforderungen mit sich.

Aus der Sicht der Führungstheorie wird in diesem Unterkapitel dargestellt, welche Aspekte von Situationen generell einen Einfluß auf das Führungsverhalten haben und worin diese bestehen. Der erste Abschnitt des Unterkapitels referiert den Situationsansatz der Führungstheorie unter besonderer Berücksichtigung des Kontingenzansatzes.

Als theoretischer Rahmen der Hypothesenbildung und für die Auswahl des Instrumentes der vorliegenden Untersuchung wird im Abschnitt 2.2.2 der Performance-Maintenance-Ansatz von Misumi mit seiner Systematisierung situativer Kontingenzen dargestellt.

Welche situativen Einflüsse speziell in der Gruppenarbeit auf das Führungsverhalten der Meister wirken und welche Anforderungen sich hieraus ergeben, zeigt der dritte Abschnitt dieses Unterkapitels 2.2.3 auf. Gruppenarbeit wird dort als spezifische Arbeitssituation beschrieben, die für das Führungsverhalten der Meister relevante Eigenschaften hat (Kap. 2.2.3.1). Die Frage, was erfolgreiche Führung in Gruppenarbeit ausmacht, wird anhand der Analyse von Anforderungen an Führungsverhalten in Gruppen behandelt (Kap. 2.2.3.2).

Erfolgreiches Führungsverhalten in der Gruppenarbeit wird in Abschnitt 2.2.3.3 zur Fundierung der Hypothesen der vorliegenden Untersuchung als Maintenance-Verhalten, d.h. unterstützungsorientiertes Verhalten nach dem Ansatz Misumis, begründet.

Mögliche Konsequenzen der Einführung von Gruppenarbeit mit ihren Anforderungen an das Führungsverhalten werden schließlich im letzten Abschnitt des Unterkapitels aufgezeigt. Es werden in diesem Zusammenhang Widerstände gegen geplanten Wandel in Organisationen und die Variabilität von Führungsverhalten diskutiert.

2.2.1 Der Situationsansatz in der Führungstheorie

Hauptthese des Situationsansatzes der Führung ist, daß unterschiedliche Gruppen- und Führungssituationen unterschiedliches Führungsverhalten erfordern. Während in den Eigenschafts- und Verhaltensansätzen das Maß des Erfolges einer Führungsperson noch als vorwiegend von seinen Eigenschaften oder seinem unmittelbaren Verhalten abhängig betrachtet wurde, verlagert sich der Schwerpunkt der Betrachtung hier in Richtung der Aufklärung der Bedeutung der Führungssituation. Für den Erfolg von Führungsverhalten gilt in dem heute weithin akzeptierten Situationsansatz (vgl. Staehle, 1991, S. 322), daß für erfolgreiche Führung kein "one best way" und auch kein "great man" nötig ist. Vielmehr geben die analytischen Fähigkeiten, die jeweilige Führungssituation einzuschätzen und die Fähigkeit einer Führungsperson, ihr Verhalten den Umständen entsprechend zu modifizieren für den Erfolg von Führung den Ausschlag. Was die ausführliche Darstellung der verschiedenen Konzeptualisierungen und

Dimensionalisierungen von Führung betrifft, wird an dieser Stelle auf die zusammenfassende Übersicht von Wunderer & Grunwald (1980) verwiesen.

Für die Beurteilung von Führungserfolg lassen sich verschiedene Kriterien heranziehen. Die Messung von Leistungsindikatoren, der Arbeitszufriedenheit der Geführten, Fluktuations- oder Beschwerderaten sind einige Beispiele für mögliche Führungserfolgskriterien. Zwischen einigen dieser Kriterien und bestimmten Führungsverhaltensausprägungen bestehen jedoch auch situationsunabhängige Beziehungen. So stehen Arbeitszufriedenheit und ein mitarbeiterorientierter ("consideration") Führungsstil in engem Zusammenhang, während Führungserfolg gemessen an Leistungsindikatoren nicht generalisierend einem bestimmten Führungsstil zugeordnet werden kann (vgl. Gebert & Rosenstiel, 1992, S. 157).

Zu den meistzitierten Theorien des Situationsansatzes gehört die Kontingenztheorie. Führung wird hier prinzipiell als das Resultat eines komplexes Zusammenspiels von Organisationsstrukturen, Aufgabenstellungen, Persönlichkeitsmerkmalen und Umweltbedingungen verstanden. Der Ansatz untersucht funktionale Äquivalenzen verschiedener Bedingungsgrößen von Führungsverhalten im Hinblick auf spezifische Fragestellungen. Wie sich ein bestimmter Führungsstil in einer bestimmten Situation z. B. auf die Arbeitszufriedenheit der geführten Mitarbeiter auswirkt, versucht der Kontingenzansatz unter Einbezug und Beschreibung spezieller situativer Einflüsse, Auswirkungen und Abhängigkeiten zu untersuchen. Verschiedene Konzepte des Kontingenzansatzes haben den Anspruch erhoben, die wichtigsten Parameter der Führungssituation meßbar gemacht zu haben (eine Übersicht hierzu findet sich bei Wunderer & Grunwald, 1980).

Als Hauptvertreter des Kontingenzansatzes ist Fiedler (zuerst 1964) zu nennen. Er entwickelte aus umfangreichen Untersuchungen zu Persönlichkeitsvariablen und Gruppencharakteristika eine Theorie der Führungseffektivität, welche die Interaktion zwischen Führungsstil und der Günstigkeit der Situation in der geführten Gruppe betont.

Kritisch seien hier hinsichtlich des Kontingenzmodells Fiedlerscher Prägung die Kritikpunkte Schreyöggs (1973) genannt, der den Ansatz als "inhumane Sozialtechnologie" (Schreyögg, 1980, S. 160) auffaßt. Darunter fallen neben unterschiedliche Kritikpunkte am methodischen Vorgehen Fiedlers vor allem die "normativen Leitvorstellungen" (Schreyögg, 1980, S. 162) des Modells, die sich beispielsweise in der Darstellung einer autoritär-hierachischen, hochgradig arbeitsteiligen Organisation Fiedlers als "günstige Situation" niederschlagen. Weiterhin wurden wiederholt die mangelnde praktische Relevanz und die ungenaue theoretische Verknüpfung von Führungsverhalten und Effektivität am Fiedlerschen Kontingenzansatz bemängelt (vgl. Gebert & Rosenstiel, 1992, S. 163).

Zur Kontingenz von Person und Situation in der Führung wurden von Wilpert (1977) empirische Belege vorgelegt, in denen Beziehungen zwischen einer Reihe von Kontingenzfaktoren, wie z. B. Personen-Merkmale, organisatorische Strukturen oder Aufgabenstrukturen festgestellt werden konnten. Als gegenwärtiges Hauptproblem des

Situationsansatzes der Führung gilt jedoch die Schwierigkeit der Spezifikation situativer Bedingungen bei der Prognose von Führungsverhalten. Eine prognostisch bedeutsame Situationstaxonomie liegt bisher nicht vor. Als Hauptvariablen können mit Gebert & Rosenstiel jedoch Merkmale der Aufgabenstruktur (z. B. Grad der Aufgabenkomplexität), Merkmale auf seiten der Geführten (z. B. Art der Qualifikation) und Merkmale auf seiten der Gruppe (z. B. Grad der Konflikte) angesehen werden (vgl. Gebert & Rosenstiel, 1992, S. 165). Für Neuberger (1990, S.146) stellt die forschungsnotwendige Auswahl einzelner Variablen, wie sie in Untersuchungen im Rahmen des Kontingenzansatzes vorgenommen wird, eine starke Einschränkung der Aussagekraft des Ansatzes dar. Bezogen auf die Fragestellung der vorliegenden Untersuchung wird dieses Problem in Kapitel 2.2.3 einer näheren Betrachtung unterzogen.

Die Kernidee des Kontingenzansatzes, die Betrachtung von Führungsverhalten in Abhängigkeit von Situationsvariablen, beeinflusste die Führungsforschung nachhaltig.

Eine der Theorien, die u.a. eine Beziehung zu Fiedlers Kontingenztheorie aufweist (Misumi, 1990, S. 331), ist die PM-Theorie der Führung von Misumi, die im folgenden Kapitel ausführlich erläutert wird. Sie stellt für das situative Bedingungsgefüge von Führungsverhalten einen allgemeinen Erklärungsrahmen her.

2.2.2 Das Performance-Maintenance-Konzept von Misumi

Misumi betrachtet Führung als durch eine Anzahl kontingenter Variablen bedingtes Phänomen. Führungsverhalten wird im Performance-Maintenance- (im folgenden PM-) Konzept aus den unterschiedlichsten Perspektiven in den vielfältigsten Situationen analysiert. Als das bedeutendste japanische Forschungsparadigma in der Arbeits- und Organisationspsychologie bezeichnet Wilpert (1984) die PM-Führungsforschung von Misumi und seinen Mitarbeitern. Misumi verfolgte mit dem Forschungsprogramm zur Entwicklung der Performance-Maintenance-Theorie seit 1958 in über 80 Originalarbeiten das Ziel, eine beschreibende Klassifikation grundlegender Formen des Führungsverhaltens, eine "Verhaltens-Morphologie" der Führung, zu erstellen.

Die verhaltenswissenschaftlichen Gesetzmäßigkeiten, in denen die Zusammenhänge zwischen Führungsverhalten und Variablen, die dieses Verhalten bedingen oder von ihm abhängig sind, beschrieben werden können, beschreibt Misumi darüber hinaus in einer Theorie der "Verhaltens-Dynamik" des Führungsverhaltens.

Auf diesen beiden Ebenen der PM-Theorie läßt sich Führung für Misumi prinzipiell mit unterschiedlich ausgeprägter situativer Verallgemeinerbarkeit untersuchen. In der Erforschung von Führungsverhalten können für die "Verhaltens-Morphologie" und die "Verhaltens-Dynamik" Aussagen von situativer Generalität oder Spezifität getroffen werden. Den Forschungsrahmen der PM-Theorie kennzeichnen somit die vier in Tab. 2 dargestellten Schwerpunkte (vgl. Chrapary, 1984, S. 7).

	Situative Verallgemeinerbarkeit	
	generell gültig **(universell)**	**situationsspezifisch** **(kontingent)**
Grundlegende Formen, Typen **"Morphologie"**	Allgemeine Verhaltens-Morphologie Allgemein anzutreffende Formen, Typen oder Stile des Führungsverhaltens	Spezifische Verhaltens-Morphologie Spezielle Formen, aus denen sich das in einer bestimmten Situation relevante Führungsverhalten zusammensetzt und die hinsichtlich eines bestimmten Führungsstils interpretiert werden können
Kausal-zusammenhänge, Prozesse **"Dynamik"**	Allgemeine Verhaltens-Dynamik Allgemein bestehende Rangreihe von Führungsstilen hinsichtlich externer Erfolgskriterien	Spezifische Verhaltens-Dynamik Situationsspezifisch gültige Rangfolge von Führungsstilen bezüglich eines Erfolgskritieriums

Tab. 2: Forschungsrahmen der PM-Theorie (aus Chrapary, 1984, S.7)

2.2.2.1 Performance- und Maintenance-Funktionen

Die PM-Theorie der Führung hat ihren Ausgangspunkt in der Annahme von zwei grundsätzlichen Gruppenfunktionen. Auf der einen Seite handelt es sich dabei um die Funktion der Zielerreichung oder Problemlösung der Gruppe, zu der eine Führungsperson einen Beitrag leistet, auf der anderen Seite steht die Stärkung des Gruppenprozesses und die Unterstützung der Selbsterhaltung der Gruppe. Misumi bezeichnet die Zielerreichungs-Funktion als Performance- (im folgenden auch P-) Funktion und die Unterstützungsfunktion als Maitenanance- (im folgenden auch M-) Funktion. Diese Funktionen werden von Personen, die immer als Mitglieder von Gruppen definiert werden, die Führungsrollen ausfüllen, wahrgenommen. Das Verhalten einer Führungsperson kann im allgemeinen auf die Erfüllung dieser beiden Gruppenfunktionen gerichtet sein, daher beinhaltet Führungsverhalten sowohl die P- als auch die M- Funktion in stärkerer oder geringerer Ausprägung.

Für Misumi unterscheiden sich Gruppen im Grad der Flexibilität der Führungsrollenzuweisungen. In formalen, strukturierten Gruppen fällt die Führungsrolle einer bestimmten

Person zu, während in unstrukturierten Gruppen je nach Situation und Zeitpunkt verschiedene Gruppenmitglieder diese Funktion wahrnehmen können.

Führung wird definiert als:

> [...] the role behaviour of a specific group member who, more than other members, experts some kind of outstanding, lasting and positive influence in fulfilling the group`s functions of problem solving or goal achievement and group maintenance. In a more comprehensive sense, however, leadership can be attributed to the group member who influences a group`s course of action at a particular time. (Misumi, 1990, S. 8)

Misumi führte von dieser prinzipiellen Auffassung von Führung ausgehend zahlreiche Studien in Labor und Feld durch (insgesamt N ≈ 25 000), in denen sich die P- und M-Funktionen aus operationaler Sicht als voneinander unabhängige Variablen erwiesen (vgl. Chrapary, 1984, S. 9).

Die Erfüllung der P-Funktion ist sowohl in informalen wie in formalen Gruppen angezeigt (alle Gruppen verfolgen Ziele, auch wenn diese nicht eindeutig definiert sind). Solange eine Gruppe in irgendeiner Form geführt wird, hat diese Führung daher P-Funktions-Anteile. Experimentell wurde das P-Verhalten von Führungspersonen von Misumi und Seki (1971) durch die Ausübung von Leistungsdruck, Anweisungen zu Leistungssteigerung, sowie durch den Vergleich mit anderen Gruppen operationalisiert. Die P-Funktion wurde in Feldstudien durch Merkmale wie z. B. die Arbeitsanweisungen, das Herausstellen der Leistungsziele oder das Verständnis von den Arbeitsmitteln der Mitarbeiter repräsentiert.

Um einer Destabilisierung des Gruppengefüges in sowohl informalen wie formalen Gruppen entgegenzuwirken, ist darüber hinaus die Erfüllung der M-Funktion durch die Führungsperson notwendig. Sie läßt sich als diejenige Leistung, die auf die Integration der Gruppe gerichtet ist, verstehen. In formalen Gruppen gehört die M-Funktion zu den Leistungen der Träger der Führungsrolle, deren Erfüllung an ein hohes Maß von Erwartung geknüpft ist. Repräsentiert wird in Feldstudien Misumis (Misumi & Seki, 1971) die M-Funktion beispielsweise durch Merkmale wie die Bemühung, Arbeitsvoraussetzungen zu verbessern, eine faire Behandlung der Mitarbeiter oder die Anerkennung der Arbeit der Mitarbeiter. Die Ausübung der M-Funktion läßt sich zusammenfassend mit einem unterstützenden, aufmunternden, um ein gutes Gruppenklima bemühtes Verhalten kennzeichnen, mit dem interpersonale Spannungen abgebaut werden können. Durch die M-Funktion wird gewährleistet, daß Konflikte beigelegt und Bedürfnisse nach Anerkennung befriedigt werden und Minderheiten ihre Meinung angemessen vertreten können.

Obwohl P- und M-Funktionen als theoretisch und methodisch unabhängige Dimensionen des Führungsverhaltens konzipiert werden, enthält jedes Führungsverhalten einen P- und einen M-Funktionsanteil. P- und M-Funktionen stehen in einem interaktiven Verhältnis zueinander, das eine multiplikative Wirkung ausübt (vgl. Misumi, 1990, S. 12).

Entsprechend der Betonung der jeweiligen Führungsfunktionen gibt es in der PM-Theorie Misumis vier Haupttypen des Führungsverhaltens. Die vier Typen werden im folgenden unter der Berücksichtigung der Ergebnisse aus den Labor- und Felduntersuchungen Misumis zur generellen Verhaltens-Morphologie (Misumi, 1990, S. 15 ff.) und zur generellen Verhaltens-Dynamik (ebd., S. 161) dargestellt. Als Maß für Effektivität werden darin sowohl objektive Leistungsdaten als auch subjektive Arbeitsklimamaße genannt.

Der P-Typ

Diesen Führungstyp zeichnet die überdurchschnittliche Erfüllung der P-Funktion aus. Sein Führungsverhalten beinhaltet in größerem Maße die Ausübung äußeren Drucks auf die Mitarbeiter. Handelt es sich bei dem Ziel der geführten Gruppe um die Erledigung einfacher, repetetiver Aufgaben, ermöglicht dieser Druck zu Beginn einer Arbeitsphase Leistungssteigerung. Eine weitere Bedingung, unter der sich der P-Typ durchsetzt, stellt eine Führungssituation mit unterdurchschnittlicher Leistungsmotivation der Geführten dar. Praktiziert der P-Typ seinen Führungsstil über einen längeren Zeitraum hinweg, wird die M-Komponente zum Abbau eines aus dieser Situation entstehenden Widerstandes bei den Geführten zunehmends wichtig. Diese ist bei diesem Typ jedoch unterdurchschnittlich ausgeprägt.

Der M-Typ

Eine überdurchschnittliche Betonung des Gruppenzusammenhaltes im Führungsverhalten kennzeichnet den M-Führungstyp. Er drängt die Gruppe nicht zu einer Aufgabenerledigung, sondern unterstützt die Untergebenen darin, die Richtung in der Aufgabenerledigung beizubehalten, in die sie sich orientiert haben. Führt der M-Typ eine Gruppe mit hoher Leistungsmotivation, zeigen sich schon nach kurzer Zeit Erfolge. Nach einiger Zeit jedoch sinkt die Effektivität unabhängig von der eingangs herrschenden Leistungsmotivation. Auch wenn der M-Typ Gruppen führt, die komplexe Aufgaben zu erledigen haben, stellt er sich als wenig effektiv heraus.

Der pm-Typ

Sowohl Leistungsdruck als auch die Bemühung um ein gutes Arbeitsklima sind bei diesem Typus unterdurchschnittlich ausgeprägt. In den Labor- und Feldstudien stellt sich dieser Typ als der ineffektivste heraus, wobei er in einigen Experimenten effektiver als der M-Typ ist. Dieses unerwartete Ergebnis wird durch den Einfluß der an sich schon Leistungsdruck erzeugende Experimentalsituation erklärt, in der die Untersuchungsergebnisse gewonnen wurden.

Der PM-Typ

Der PM-Typ erwies sich in allen Situationen sämtlicher Studien als der effektivste. Er erfüllt beide Funktionen in überdurchschnittlichem Maße. Die von diesem Typ ausgeübten einzelnen P- und M-Funktionen sind trotz der Überlegenheit des Typus geringer ausgeprägt als bei den M- oder P-Typen, was für Misumi ein Hinweis auf die multiplikative Wirkung von P und M ist. Das P-Verhalten selbst wird bei diesem Typ von den Geführten nicht mehr als unerwünschter Druck erlebt, sondern als Planung wahrgenommen. Dies wird anhand eines Katalysator-Modells dadurch erklärt, daß sich durch das gemeinsame Wirken von P- und M-Funktionen kaum Widerstand gegen das P-Verhalten aufbauen kann, der die negative Interpretation der P-Funktion bestimmt. Das P-Verhalten wirkt in Zusammenhang mit dem M-Verhalten motivierend und wird außerdem eher als durch Expertentum gerechtfertigt wahrgenommen.

2.2.2.2 Die Bedeutung situativer Faktoren

Unter Bezugnahme auf die Forderung Lewins, Verhalten aus der Wechselwirkung von Person und Situation zu erklären (1963), gliedert sich das nachfolgend skizzierte Führungsmodell Misumis (vgl. Misumi, 1990, S. 262) in eine personen- und eine umweltbezogene Hauptkomponente (Abb. 2).

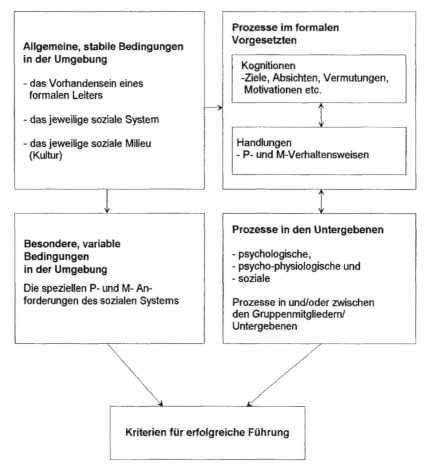

Abb. 2: Misumis Modell der kausalen Prozesse und Bedingungsfaktoren von Führung (aus Misumi, 1990, S. 262) Übersetzung in Anlehnung an Chrapary, 1984.

Neben den Kognitionen und Handlungen der Führungsperson und den Prozessen sozialer, psychischer und physischer Art, die in den Geführten stattfinden, bestimmen Umweltfaktoren das Führungsverhalten. Diese Einflußgrößen lassen sich wie folgt in stabile und variable Faktoren gliedern:

a) Allgemeine, stabile Bedingungen der Umgebung

- Das Vorhandensein eines formalen Führers

- Das soziale Setting (z. B. eine informale Gruppe, eine arbeitende Organisation oder eine Partei)

- Das soziale Milieu (z. B. soziohistorische Bedingungen, Charakteristika einer Gemeinschaft)

b) Besondere, variable Bedingungen der Umgebung

- Performance und Maintenance-Anforderungen des sozialen Systems

Die Komponenten des Modells sind in vielfältiger Weise miteinander verknüpft und obgleich der Untersuchungsschwerpunkt Misumis eher auf personenbezogenen Prozessen liegt, lassen sich aus den Studien zur spezifischen Verhaltens-Morphologie und -Dynamik einige experimentell untersuchte situative Bedingtheiten von Führungsverhalten aufzeigen (Misumi, 1990, S. 75 ff.).

In verschiedenen Umgebungen, sozialen Milieus oder Arbeitsorganisationen sind unterschiedliche, generell feststellbare PM-Führungsstile erfolgreich. Nach der Führungsdefinition von Misumi werden Kriterien für den Erfolg oder Mißerfolg von Führungsverhalten an dem Maß der Erfüllung von Gruppenfunktionen gemessen. Dies geschieht anhand verschiedener Kriteriumsvariablen, deren positive bzw. negative Bewertung als Erfolg bzw. Mißerfolg eingeschätzt werden. Nachfolgend werden einige der Untersuchungsergebnisse Misumis zur spezifischen Verhaltens-Morphologie und -Dynamik mit den erhobenen Erfolgskriterien beispielhaft schematisch dargestellt. Auf eine Erläuterung der Forschungsmethodik wird dabei verzichtet, diese findet sich in ausführlicher Form bei Misumi (1990).

In sämtlichen der in Tabelle 3 aufgelisteten Studien wies sich der PM-Stil als der effektivste und der pm-Stil als der uneffektivste Führungsstil aus. Über diese Feststellung hinaus jedoch läßt sich eine Ableitung transsituational erfolgreicher Führungsstile aus der PM-Theorie Misumis nur sehr bedingt vornehmen. Es erscheint schwierig, eindeutige Aussagen über den Erfolg oder Mißerfolg reiner oder überwiegender P- oder M- Stile in einer bestimmten Situation aus den Untersuchungen Misumis abzuleiten.

Mit veränderten Settings variieren auch die spezifischen Gruppenfunktionen. So lassen sich in den Experimental-, Labor- und Felduntersuchungen hinsichtlich der P- und M-Anforderungen der Führungssituation Muster aufzeigen. Hierauf wird für die besonderen, unter den situativen Umständen der Gruppenarbeit geltenden Bedingungen in Kaptel 2.2.3 näher eingegangen.

Führungssituation	Rangreihen der Führungsstile	Kriteriums-Variablen für Erfolg
Führung in staatl. Behörden	PM < M < P < pm	Arbeitszufriedenheit, Lohnzufriedenheit, Klimavariablen
Führung von Kindern und Schülern	PM < P < M < pm	Zusammenhalt in der Schulklasse, Lernwille, Unzufriedenheit mit der Schule
Führung in industriellen Organisationen/Aufseher von Busfahrern	PM < M < P < pm	Unfallraten der Busfahrer
Führung in industriellen Organisationen/Ingenieure/ Projektmanager	PM < P < M < pm	Technische Fähigkeiten, Planung, Kontrolle, Koordination, Unterstützung der Projektmitglieder, Unterstützung der vom Projekt betroffenen Personen

Tab. 3: Führungssituationen und Erfolgskriterien

2.2.2.3 Bezüge zur Untersuchung

Das PM-Konzept von Misumi bildet die theoretische Grundlage, an der sich die vorliegende Untersuchung in der Beschreibung und Messung von Führungsverhalten orientiert. Die folgenden Merkmale stellen den Ansatz Misumis in Abgrenzung zu der Fülle weiterer theoretischer Konzeptualisierungen von Führung heraus, die hier nicht eigens angeführt werden (vgl. Chrapary, 1984, S. 26, Misumi, 1990, S. 9 f.) und demonstrieren seine Eignung als theoretische Grundlage der Untersuchung.

Der Ursprung in der Empirie

Die PM-Theorie hat ihren Urprung in den Labor- und Feldstudien Misumis. In den Feldstudien wurden die aus Theorien und Laborexperimenten abgeleiteten Hypothesen der PM-Theorie auf ihre Generalisierbarkeit hin untersucht. Dabei wurde versucht, die Nachteile von Experimenten, z. B. die Künstlichkeit und die nur kurzfristige Stabilität der Situation, die bestimmte Verzerrungen in den Untersuchungen erzeugen, durch die wiederholte Überprüfung in Feldstudien zu kompensieren.

Diese Absicherung der externen Validität durch die Übertragung von Labor- in Feldsituationen und die Übertragung einer Feldsituation in weitere Feldsituationen erlaubt vielfältige Bezüge zu den theoretischen Konzepten der Theorie. Für ihre Anwendung auf konkrete Führungssituationen, z. B. in industrieller Umgebung, bedeutet dies einen Vorteil. Als weiteren Indikator für die Praxisorientiertheit der PM-Theorie ließen sich die "geradezu spektakulären" (Wilpert, 1984, S. 39) Erfolge der aus der Theorie entwickelten PM-Führungstrainings bewerten.

Präzise Operationalisierungen und Instrumentarium der Theorie

Die PM-Theorie verwendet präzise operationalisierte Kategorien und Definitionen. Die statistischen Kriterien für die Feststellung der Typen und den Erfolg eines Führungsstils sind genau festgelegt. Im Laufe der Untersuchungen des breit angelegten Forschungsprogramms Misumis wurde ein gut validiertes Instrumentarium entwickelt, das in seiner einfachen Handhabung interdisziplinär und situationsübergreifend anwendbar ist.

Emotional neutrale Kategorien für Führungsverhalten

Im Gegensatz zu der überwiegenden Anzahl von Führungstheorien arbeitet das PM-Konzept mit emotional relativ neutralen Kategorien. Während mit einem "demokratischen Führungsstil", wie Führungsverhalten beispielsweise von Lewin, Lipitt & White (1939) typologisiert wurde, eine Anzahl von Bedeutungen konnotiert sind, die durch die operationale Definition des Führungsverhaltens nicht gefaßt werden, sind die theoretischen Begrifflichkeiten des PM-Konzepts relativ wertfrei. Kriterien für erfolgreiche Führung sind vom PM-Konzept selbst unabhängig. Für die Anwendung der Theorie in der Messung und Rückkopplung von Führungsverhalten in der industriellen Umgebung erscheint dieser Aspekt der fehlenden sozialen Wertungen in der Begrifflichkeit der PM-Theorie neben seiner Bedeutung für die Theorie an sich als sehr vorteilhaft.

Japanische Organisationsformen

Für die Übertragbarkeit des japanischen Konzeptes der Führungsforschung auf westliche Verhältnisse stellt Misumi fest, " [that] there are many reasons to believe that the conclusions of the PM leadership theory will be applicable to some settings in the West. Japan has been 'Westernized', 'democratized', and 'industrialized' to a considerable degree since World War II." (1990, S. 332).

Damit sind die Eigenschaften angeführt, die den Ansatz Misumis als theoretische Grundlage der vorliegenden Untersuchung hinreichend rechtfertigen. Auch die Betrachtung von Führung als einem Korrelat derjenigen Funktionen, durch die Gruppen letztlich konstituiert werden, kommt dem Schwerpunkt der vorliegenden Untersuchung sehr entgegen.

2.2.3 Spezifika von Führung in Gruppenarbeit

Bei der Untersuchung der Frage, wodurch erfolgreiches Führungsverhalten in der Gruppenarbeit gekennzeichnet ist, lassen sich lediglich graduelle Unterschiede gegenüber erfolgreicher Führung in traditionellen, hocharbeitsteiligen Arbeitssituationen aufzeigen. In der lediglich ausschnitthaften Betrachtung nur einer situativen Bedingung des Verhaltens, in der die Führung stattfindet (nämlich hier der Arbeitsorganisationsform), ist eine eindeutige Bestimmung situativ erforderlicher Verhaltensaspekte schwierig. Die Einschränkung des komplexen Bedingungsgefüges von Führungsverhalten auf einen "Hauptfaktor", wie z. B. der Gruppenarbeit, ist, wie Neuberger (1973) bemerkt, eine Komplexitätsreduktion. Wilpert bemerkt hierzu:

> Die lobenswerte und legitime Absicht, über Modellkonstruktionen differenzierend Einzelaspekte der Situation herauszugreifen und im Hinblick auf ihre Erklärungsrelevanz empirisch zu überprüfen, stößt [...] bald auf eine theoretische Aporie: Kontingenz'theorien' sind bislang allenfalls Programme mit heuristischem Wert, die konsequente Ableitung relevanter Variablen aus theoretischen Axiomen gestatten sie (noch) nicht. (1977, S. 33)

Wilpert bemängelt in diesem Zusammenhang das Fehlen einer Taxonomie für Situationen in der Führungstheorie. Jede Untersuchung im Rahmen der Kontingenztheorie, der die vorliegende Arbeit im Sinne einer Untersuchung von situativen Kontingenzen des Führungsverhaltens zugerechnet werden kann, sei daher "darauf angewiesen, mehr oder weniger intuitiv und unter Verweis auf vergleichbare Literaturquellen bestimmte Variablenkomplexe herauszugreifen und sie heuristisch zu relevanten zu erklären." (1977, S. 33).

Auch die Beziehungen zwischen Führungsverhalten an sich und dem, was sich als Führungserfolg definieren läßt, können nur eingeschränkt als theoretisch fundiert gelten. Neuberger kritisiert an den deterministischen Ansätzen der Führungstheorie sogar, daß es "keine gesetzesartigen Beziehungen zwischen Führungsverhalten und organisatorischem Erfolg" gibt (Neuberger, 1990, S. 30).

Industrielle Arbeitsorganisation in Gruppen stellt, wie in Kapitel 2.1.3.2 bereits hervorgehoben wurde, für die Vorgesetzten der Gruppe eine besondere Führungssituation dar, die gegenüber der Einzelarbeitssituation veränderte Anforderungen mit sich bringt. In den folgenden beiden Abschnitten wird versucht, die speziell durch die Gruppenarbeit bedingten Anforderungen an das Führungsverhalten detaillierter zu spezifizieren. Die Gruppenarbeit wird dabei heuristisch als relevante Variable für das Führungsverhalten betrachtet. In Abschnitt 2.2.3.1 wird die Gruppenarbeit zunächst als spezifische Arbeitssituation in Abgrenzung gegenüber der Einzelarbeit analysiert. In Abschnitt 2.2.3.2 werden dann aus diesen situativen Besonderheiten der Gruppenarbeit Anforderungen abgeleitet, die sich an das Verhalten der Führungsperson ergeben.

2.2.3.1 Gruppenarbeit als spezifische Arbeitssituation

Unabhängig von der Form der Arbeitsorganisation sind die Untergebenen einer Führungsperson in jedem Falle auch als Gruppe interpretierbar (vgl. Rosenstiel, 1992, S. 132, Becker & Langosch, 1992, S. 236). Für die Gruppenarbeit in der industriellen Produktion lassen sich jedoch Merkmale aufzeigen, die die Situationsfaktoren dieser Arbeitsorganisationsform von denen traditioneller Einzelarbeit unterscheiden.

Diese Merkmale differieren je nach der Ausprägung der Gruppenarbeit. Handelt es sich um eine toyotistische Gruppenorganisation, sind die Anforderungen an das Führungsverhalten sicher anders zu bewerten als bei Arbeitsformen im Rahmen teilautonomer

Arbeitsgruppen. Unter Gruppenarbeit soll im folgenden die unter Kapitel 2.1.2 dargestellte Arbeitsorganisationsform, wie sie sich in der europäischen Lean Production entwickelt hat, verstanden werden. Bezüglich der Führungsphilosophie tayloristisch-fordistischer Arbeitsstrukturen läßt sich allgemein festhalten, daß hier von Führungskräften nicht vorrangig die Koordination und Förderung von Gruppenprozessen erwartet wird, sondern eher die Kontrolle einzelner Mitarbeiter und deren Leistungsförderung, was die Struktur der Lohnsysteme dieser Arbeitsformen verdeutlicht (vgl. Bungard & Antoni, 1993, S. 378).

Zur Beschreibung der Gruppenarbeit in Abgrenzung zur Einzelarbeit bietet sich als kategoriales Schema die von Müller & Hill (1980, S. 138) vorgenommene Einteilung führungsrelevanter Situationsfaktoren in Aufgabenart, Führungskraft-Mitarbeiter-Beziehung und Konfliktformen an. Sie kann als Versuch einer Situationstaxonomie angesehen werden. Hierbei wird kein Anspruch auf eine erschöpfende Darstellung aller möglichen Situationsfaktoren erhoben. Im Sinne der von Gebert & Rosenstiel (1992, S. 165) bei der Aufstellung führungsrelevanter Situationsfaktoren geforderten kriterienspezifischen Gültigkeit von Situationstaxonomien wird hier spezifisch auf die Gruppenarbeit Bezug genommen.

Situationsfaktor: Art der Aufgabe

Die Art der zu bewältigenden Aufgabe ist in Einzel- oder Gruppenarbeit dieselbe, es handelt sich in beiden Situationen um die Aufgaben industrieller Produktion. Wohl aber sind die Wege zur Lösung dieser Aufgabe in tayloristischer Einzelarbeit und in Gruppenarbeit unterschiedlich. In der Gruppenarbeit wird versucht, für viele Probleme Gruppenlösungen zu finden. Neben der Bewältigung der alltäglichen Arbeitsaufgaben jedes einzelnen Gruppenmitglieds werden die alle Gruppenmitglieder betreffenden Probleme in Gruppenbesprechungen gemeinsam zu lösen versucht (vgl. Kap. 2.1.2). Die Problemlösung in Einzelarbeit wird dagegen entweder vom direkt tätigen Mitarbeiter selbst oder durch die Führungsperson, den Meister, vorgenommen. Im Produktionskontext finden in beiden Fällen Problemlösungen aufgrund bestehender Produktionsprogramme unter Zeitdruck statt.

Mit Blau & Scott (1962) lassen sich vier Mechanismen benennen, die Problemlösungsprozesse in Gruppen erfolgreich machen (zit. nach Grunwald & Lilge, 1980, S. 141 f.):

- *Die Integration der verfügbaren Information*: in der Gruppe sind mehr Informationen und Problemlösungsansätze gespeichert als in einem einzelnen Individuum. In der Gruppe wird nun das Problemlösungspotential der einzelnen Mitglieder nicht nur addiert, sondern durch zielgerichtete Interaktion integriert.

- *Der Mechanismus des Irrtumsausgleichs*: jedes Gruppenmitglied geht von seinem besonderen Rahmen von Motiven, Einstellungen, Kenntnissen und Fähigkeiten aus. Die Gruppe als Ganzes hat einen breiteren Horizont als der einzelne, sie geht unvoreingenommener an die Problemlösung heran. Die Interaktion wirkt nun als Irrtumsausgleichsmechanismus, indem Fehl- und Vorurteile einzelner Mitglieder zum Vorschein kommen und korrigiert werden können.

- Die Interaktion in der Gruppe stellt für das einzelne Gruppenmitglied eine *Quelle sozialer Unterstützung* dar, was die vor allem bei sehr wichtigen Entscheidungen entstehenden Ängste mildern und damit die Sachbezogenheit des Urteils verstärken kann.

- Die Interaktion fördert die *Konkurrenz* zwischen den Gruppenmitgliedern um die Anerkennung in der Gruppe. Besonders bei gut eingespielten und aufgabenbezogen arbeitenden Gruppen versuchen die Mitglieder, durch die besondere Qualität ihrer Beiträge einen hohen Status in der Gruppe zu gewinnen.

Die für Problemlösungen zur Bewältigung der Arbeitsaufgabe nötigen Informationen werden dabei nach Blau & Scott in der Gruppenarbeit idealiter allen Gruppenmitgliedern zur Verfügung gestellt. In Einzelarbeit hat eine selektive Informationspolitik weniger Auswirkungen auf den Problemlösungsprozeß, denn an der Verwertung der Informationen sind meist nur einzelne Mitarbeiter beteiligt.

Zusammenarbeit allgemein läßt sich in Gruppenarbeitsstrukturen als Defintionsmerkmal charakterisieren. Alioth & Ulich (1983, S. 317) verstehen Gruppenarbeit als eine Arbeitsform, bei der mehrere Personen gemeinsam an einer Aufgabe arbeiten bzw. einen Aufgabenbereich bearbeiten.

Situationsfaktor: Beziehung zwischen Führungskraft und Mitarbeiter

Die Beziehung zwischen Führungskraft und Mitarbeiter erfährt durch den partizipativen Charakter der Gruppenarbeit eine Wandlung gegenüber der durch höhere formale und fachliche Autorität des Meisters gekennzeichneten tayloristischen Einzelfertigung. Mit der Lösung von Problemen durch Gruppenentscheid und die entsprechende Zusprache formaler Autorität an die Gruppe kann sich der Legitimierungsbereich der Autorität (vgl. Grunwald & Lilge, 1980, S. 148) des Meisters verkleinern.

Je größer die Problemlösungsfähigkeit einer Führungsperson im Vergleich zu der eines Untergebenen ist, desto eher wird die Führungsperson als fachliche Autorität akzeptiert (vgl. Grunwald & Lilge, 1980, S. 149). Es ist anzunehmen, daß es durch die mit der Gruppenarbeit meist einhergehen Qualifikationsprogramme auf Mitarbeiterebene neben der formalen auch zu einer Relativierung der fachlichen Autorität der Führungskraft kommen kann (Steinle, 1980). Ein weiterer Aspekt in der gruppenarbeitsspezifischen Beziehung zwischen Führungskraft und Mitarbeiter ist der Umstand, daß der Meister in der Gruppenarbeit einen Anteil seines Aufgabenspektrums an die Mitarbeiter abgeben, d.h. fachliche Kompetenzen vermitteln können muß (vgl. Kap 2.1.3).

Situationsfaktor: Konflikte

Es gibt "eine Fülle von Konfliktursachen, die in der Natur der Teamarbeit liegen." (Grunwald & Redel, 1987, S. 308). Als konfliktrelevante Umgebungsbedingungen der Gruppenarbeit seien hier beispielhaft die gemeinsame Nutzung von knappen Ressourcen, große zeitliche Interdependenzen, starke Bereichsüberschreitungen und eine große Aufgabenkomplexität angeführt (vgl. Grunwald & Redel, 1987, S. 308 ff.).

Die verstärkten Kooperationserfordernisse in der Gruppenarbeit erzeugen außerdem mehr Konflikte; der Bedarf an Klärungen und Koordination in der Aufgabenverteilung, so ließe sich folgern, ist größer als in der Einzelarbeit.

Konflikte wirken sich auf die Aufgabenerledigung in der Gruppenarbeit anders aus als in der Einzelfertigung. Während Ziel- und Mittelkonflikte zwischen Mitarbeitern in der tayloristischen Organisation eher auf den unmittelbaren Arbeitsbereich begrenzt sind, kann durch einen Konflikt in der Arbeitsgruppe das gesamte System der Aufgabenerledigung der Gruppe betroffen sein.

Dysfunktionale Konflikte in Arbeitsgruppen können darüber hinaus die Gruppenkohäsion beeinträchtigen. Diese wird für Arbeitsgruppen in der Praxis allgemein als wünschenswert erachtet, wobei hierzu einschränkend auf die Arbeiten von Janis (1972) hingewiesen werden muß. Nach ihnen können oft besonders schwache Gruppenergebnisse z. B. in Form von Leistungsrestriktion oder Fehlentscheidungen aufgrund dieser hohen Kohäsion beobachtet werden.

2.2.3.2 Anforderungen an das Führungsverhalten in der Gruppenarbeit

Aus den oben erläuterten Situationsfaktoren der Gruppenarbeit ergeben sich für die in Gruppenarbeit tätige Meisterebene und ihr Führungsverhalten eine Reihe von Anforderungen. Wie Neuberger (1990, S. 30) feststellt, ist es bei der Untersuchung von Führungsverhalten stets problematisch, von einer generellen Überlegenheit eines bestimmten Weges des Führungsverhaltens in einer bestimmten Umgebung auszugehen. Wie eingangs bereits erwähnt, lassen sich sowohl die Erfolgskriterien als auch die vielfältigen Alternativen des Führungsverhaltens nicht eindeutig und algorithmisch berechenbar bestimmen. Für die besonderen Anforderungen, die an Führungsverhalten in einer Gruppenarbeitsumgebung gestellt werden, können Aussagen letztlich bloß im Sinne einer "Formulierung in Bandbreiten" (Neuberger, 1990, S. 30) getroffen werden.

Stogdill (in Bass, 1990, S. 597) betont mit der Identifikation von drei Haupteffekten einer Führungsperson auf formale Gruppen - Kohäsion, Antrieb und Produktivität - außerdem, daß zu je verschiedenen Zeitpunkten des Gruppenentwicklungsprozesses ein je anderer Führungsstil erfolgreich sein kann. Aufgaben- und beziehungsorientiertes Führungsverhalten stehen dabei prinzipiell in einem interaktiven Verhältnis zu der Förderung von Gruppenkohäsion und Gruppenantrieb.

Nach Stogdill ist es Aufgabe der Führungsperson der Gruppe, je nach dem Entwicklungsstand der Gruppe zur Förderung der Gruppenkohäsion eher beziehungsorientiert, zur Erhöhung des Gruppenantriebs dagegen eher aufgabenorientiert zu führen und somit insgesamt den Gruppenentwicklungsprozeß zu gestalten. Die positive Wirkung kooperativen Führungsverhaltens auf die Gruppenkohäsion bestätigt Seidel (1980, S. 230).

Ausgehend von diesen Vorannahmen stellt sich das Modell des Zusammenhanges von Führungsverhalten und Gruppenleistung von Schriesheim, Mowday und Stogdill (1979) wie in Abbildung 3 dar.

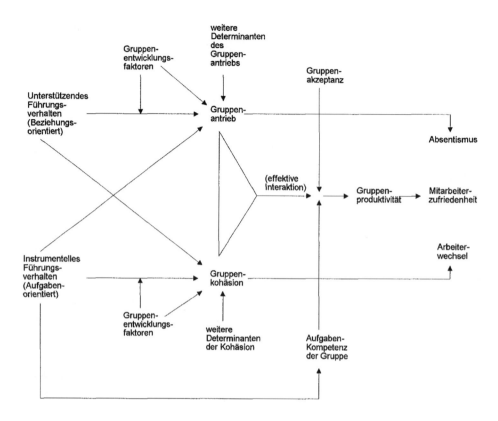

Abb. 3: Modell zum Zusammenhang von Führungsverhalten und Gruppenleistung (aus Bass, 1990, S. 597, Übersetzung H. R.)

Allgemein wird von Führungskräften der unteren Ebene in Gruppenarbeit ein kooperativer (Wunderer & Grunwald, 1980, S. 335) oder partizipativer (Grunwald & Lilge, 1981, Grob, 1992) Führungsstil erwartet. Rosenstiel stellt in diesem Zusammenhang jedoch einschränkend fest: "Für die Führung von Gruppen gibt es weder generell die optimale Person noch das optimale Führungsverhalten. Die jeweilige Führungssituation relativiert die Anforderungen." (1993, S. 348).

In welchem Rahmen sich erfolgreiches Führungsverhalten in der Gruppenarbeitssituation darüber hinaus beschreiben läßt und wie sich Anforderungen an die Führungsperson in der Gruppenarbeit im Kontext von industrieller Produktion gestalten, wird im folgenden anhand der für die Gruppenarbeit ermittelten führungsrelevanten Situationsfaktoren aufgezeigt. Auf weitere, unabhängig von der Arbeitsorganisationsform bestehende situative Anforderungen an das Führungsverhalten der unteren Ebene (technische Voraussetzungen etc.) wird dabei nicht eingegangen.

Anforderungen, die sich aus der Art der Aufgabe ableiten

In der Gruppenarbeit bestehen andere Kommunikationsvoraussetzungen als in Einzelarbeit. Die Möglichkeit, sich in Gruppengesprächen auszutauschen, stellt für die Arbeitsgruppe und den Meister gegenüber der Einzelarbeit, in der traditionell lediglich

Unterweisungen des Meisters ohne Diskussionscharakter unter Anwesenheit mehrerer Mitarbeiter stattfinden, eine veränderte Situation dar.

In experimentellen Studien variierte Kano (1970, in Misumi, 1990) Kommunikationsstrukturen in geführten Gruppen, um deren Wirkung als Performance- und Maintenance-Anforderungen des sozialen Systems auf Führungspersonen zu untersuchen. Es zeigte sich, daß in der hochgradig zentralen "Stern-Struktur" (alle Gruppenmitglieder sind über eine Person miteinander verbunden) eher ein rein Performance-orientiertes Führungsverhalten zu Erfolgen führte, in der dezentralen "Com-con-Struktur" (alle Gruppenmitglieder sind mit allen verbunden) dagegen ein Performance-Maintenance-Führungsverhalten.

Überträgt man diese Befunde unter Außerachtlassung einer möglicherweise durch die Laborsituation des Experiments geringeren externen Validtät auf die Gruppenarbeitssituation, in der eher die "Com-con"-Situation vorherrscht, läßt sich folgern, daß hier nicht allein ein Performance-orientiertes Führungsverhalten erfolgreich sein kann. In der hochzentralen "Stern"-Kommunikationsstruktur, deren kommunikativer Zentralitätsgrad sich mit der Einzelarbeitssituation vergleichen ließe, in welcher hauptsächlich über den Meister kommuniziert wird, ist dies dagegen eher von Vorteil.

Für die Führungsfunktion der Meister in der Gruppenarbeit nennt Antoni (1992b, S. 46) die "zielorientierte Führung und Koordination der Gruppen", die "Stabilisierung der Rahmenbedingungen für die Gruppenarbeit" und die "Personalführung" als allgemeine Anforderungen. Wesentlichste Aufgabe des Meisters ist nach Antoni die Klärung der Rahmenbedingungen und Spielregeln, nach denen sich die Gruppe zu richten hat, bzw. nach der sie sich selbst steuern kann.

Der Meister hat außerdem den Problemlösungsprozeß in der Gruppe zu unterstützen. Um dabei eine Gleichverteilung verfügbarer Informationen an alle am Problemlösungsprozeß Beteiligten zu gewährleisten, ist das Informieren der Mitarbeiter eine weitere Anforderung an das Führungsverhalten. Jenes schließt möglichst kontinuierliche Feedbacks über den Grad der Zielerreichung der Gruppe ein (vgl. Antoni, 1990, S. 46). Müller & Hill (1980) empfehlen hierbei einen Führungsstil mittleren bis hohen Partizipationsgrades, bei dem der Vorgesetzte seine Mitarbeiter als Gruppe mit dem Problem bekannt macht und versucht, in ihr Ideen, Vorschläge und Problemlösungen zu erarbeiten.

Grundsätzlich muß die Führungsperson eine Zusammenarbeit der Gruppe bei der Aufgabenerledigung ermöglichen und fördern. Hackman & Oldham empfehlen Leitern von Arbeitsgruppen zum Erreichen optimaler Ergebnisse in erster Linie den organisatorischen Kontext der Gruppe und die Gestaltung der Gruppe zu beobachten und nötigenfalls zu ändern. Darüber hinaus sollte auf die Gruppe in einer Weise eingegangen werden, die es ihr ermöglicht, ihre sozialen, technischen und ökonomischen Aufgaben zunehmend eigenverantwortlich zu übernehmen (1980, S. 215).

Anforderungen, die sich aus der Beziehung zwischen Führungsperson und Mitarbeitern ableiten

Wie in Kapitel 2.1.2 bereits angemerkt wurde, ist die Weitergabe von Wissen an die Gruppe seitens des Meisters bei der Einführung von Gruppenarbeit ein wichtiges Moment in Gruppenarbeitskonzepten der europäischen Lean Production dar. Für die Förderung solcher Lernprozesse der Gruppe ist die persönliche Rückmeldung in Form von Lob oder Kritik durch die Führungsperson nach Antoni ein bedeutender Faktor. Die Übertragung von Meisteraufgaben auf die Gruppe geschieht dabei idealiter ohne Rücksicht darauf, daß der Legitimierungsbereich des Meisters möglicherweise kleiner wird. Hierzu ist ein bisweilen enger Kontakt zu den Gruppenmitgliedern nötig (Antoni, 1992b S. 46).

Außerdem muß der Meister eine Beteiligung der Gruppe an Entscheidungen, die das unmittelbare Arbeitsumfeld betreffen, zulassen. Der Anteil solch partizipativen Führungsverhaltens müßte in der unter Kap 2.1.2 dargestellten Arbeitsform der Gruppenarbeit in der europäischen Lean Production zumindest dergestalt sein, daß Probleme und Entscheidungen, die das unmittelbare Arbeitsumfeld betreffen, der Gruppe bekannt gemacht werden. Außerdem sollte versucht werden, Ideen, Vorschläge und mögliche Problemlösungen zu erarbeiten, selbst wenn der Vorgesetzte letztlich allein die Entscheidung fällt, wie es in der Gruppenarbeitskonzeption der europäischen Lean Production vorkommen kann (Stürzl, 1992). Je mehr dann die effektive Realisierung eines Vorgehens von der Identifikation des Mitarbeiters mit der entsprechenden Entscheidung abhängt, desto eher ist ein solches Führungsverhalten mittleren bis höheren Partizipationgrades notwendig (vgl. Müller & Hill, 1980, S. 153).

Antoni führt weiterhin die Analyse der Qualifikationsstruktur in den Arbeitsgruppen zum Zweck der Weiterentwicklung des sozio-technischen Systems als Anforderung an die Führungsperson an (1992b, S. 47).

Anforderungen, die sich aus den Konfliktbedingungen ergeben

Zur Kontrolle der Gruppenkohäsion ist es, wie im vorangegangenen beschrieben wurde, nötig, in der Gruppe auftretende Konflikte handhabbar und funktional zu machen. Grunwald & Redel nennen als Grundformen der Handhabung die Konfliktbewußtmachung, Problemlösung und das Verhandeln (1986, S. 309). Zur Förderung dieser Fähigkeiten auf der sozio-emotionalen Interaktionsebene werden Verhaltens- und Einstellungsänderungen wie die Steigerung des Einfühlungsvermögens (Empathie), die Verbesserung der Diagnosefähigkeit des eigenen Verhaltens und des Gruppenverhaltens sowie die Steigerung der Bewußtheit gegenüber dem eigenen Verhalten und dessen Rückwirkung auf andere Teilnehmer vorgeschlagen. Weiterhin werden eine Steigerung der Verhaltensflexibilität und Ambiguitätstoleranz, die Erhöhung der Toleranz und Rücksichtnahme gegenüber Gruppenteilnehmern und eine generelle Intensivierung kooperativer Verhaltensweisen als sinnvoll erachtet. Insgesamt ist die Fähigkeit zur Konflikthandhabung als positive Lösung interpersoneller

Regelungsprozesse (Euler, 1987) eine zentrale Anforderung an den Meister in der Gruppenarbeit.

Praxeologische Beiträge

Die praxeologischen Literatur bietet ein breites Spektrum von Leitsätzen, Anweisungen und Modellen zur Frage von Kriterien erfolgreicher Führung in der Gruppenarbeit an. Die Beiträge sind häufig forschungsmethodisch schwer nachvollziehbar. Dennoch soll an dieser Stelle ein kurzer Einblick in die z.T. mit hohem Informationswert ausgestatteten Publikationen gegeben werden.

Die veränderten Anforderungen der Gruppenarbeit, so heißt es in einer Publikation des deutschen Industrie- und Handelstages, führen zu einer Neudefinition der Führungsaufgabe des Meisters. Er wird dem fachlich zunehmend höher qualifizierten Mitarbeiter mehr Vertrauen entgegenbringen und ihm einen größeren Handlungsspielraum einräumen müssen. Die Notwendigkeit breit gestreuter Informationsweitergabe und ein verstärktes Eingehen auf die Probleme des einzelnen Gruppenmitglieds stellen höhere Anforderungen an die Fähigkeiten der Führungskräfte zur personenorientierten Führung. Die Fähigkeit, Leistungen anzuerkennen, Arbeitsaufgaben zu erläutern und Probleme zu diskutieren sowie Interesse an der beruflichen Förderung des Mitarbeiters spielen dabei eine herausragende Rolle (Deutscher Industrie- und Handelstag, 1984, S. 19).

In einer betriebsinternen Publikation eines Unternehmens der Automobilindustrie werden folgende Grundanforderungen an das Führungsverhaltens des Meisters in der Gruppenarbeit formuliert:

- angemessene Information und Beteiligung von Mitarbeitern
- Übertragung verantwortungsvoller Aufgaben
- Anleitung von Mitarbeitern zu eigenverantwortlichem Handeln
- Qualifikation und Entwicklung von Mitarbeitern
- Fähigkeit zur offenen Kommunikation
- Erkennen und Lösen von Spannungen und Konflikten

Hier wird die Aufgabe des Meisters durch die "Gewährleistung der Selbstregulation und Unabhängigkeit im organisatorischen Kontext" und den "Erhalt der Funktionstüchtigkeit der Gruppe (als Berater, Entscheidungsinstanz bei von der Gruppe nicht lösbaren Konflikten usw.)" bestimmt (Interne Quellen III, S. 14 ff.).

Ein weiteres Beispiel möglicher Kriterien erfolgreicher Führung in Gruppenarbeit aus praxeologischer Sicht bietet Rahn an (1992, S. 75 f.). Unter der Kategorie "menschenorientierte Führungsaufgaben" faßt er darunter folgende in Leitsätzen formulierte Anforderungen zusammen:

- Erhalt und Sicherung des Fortbestehens der Gruppe unter der Berücksichtigung der individuellen Interessen der Gruppenmitglieder
- Nicht über die Gruppe herrschen, sondern mit ihr kooperieren

- Förderung des Zusammengehörigkeitsgefühls der Gruppe, Erzeugung eines "Wir"-Gefühls
- Bewältigung und Analyse von Konflikten in der Gruppe
- Hineinversetzen in die arbeitsmäßige und menschliche Situation der Gruppe.

Die Aufzählung solcher aus praktischen Erfahrungen gewonnenen Anforderungslisten ließe sich beliebig fortsetzen. Wie in den obigen Beispielen läßt sich die Schwerpunktsetzung auf den Gruppenzusammenhalt, die Konfliktlösung und die Kooperation mit der Gruppe erkennen.

2.2.3.3 Führung in Gruppenarbeit als Maintenance-Verhalten

Abhängig von der Perspektive der jeweiligen Forschungsansätze lassen sich situative Spezifika für die Führung in Arbeitsgruppen aufzeigen, die sich aus der Aufgabenart, der Beziehung zwischen Führern und Geführten und den Konfliktbedingungen in der Gruppenarbeit ergeben.

Der überwiegende Teil der spezifischen Anforderungen an die untere Führungsebene in der Gruppenarbeit wird von Misumi in der Operationalisierung des Maintenance-Führungsstils abgebildet (Chrapary, 1984, S. 12). So wird eine überdurchschnittliche Ausprägung auf den nachfolgend dargestellten Items in dem Performance-Maintenance-Instrument zur Messung von Führungsverhalten durch Untergebenenbeurteilung als Maintenance-Führungsverhalten interpretiert.

- Der Vorgesetzte versucht, die Ansichten seiner Mitarbeiter zu verstehen
- Der Vorgesetzte fragt nach der Meinung der Mitarbeiter, wenn am Arbeitsplatz ein Problem auftritt
- Der Vorgesetzte behandelt die Mitarbeiter fair
- Der Vorgesetzte bemüht sich, die Voraussetzungen für die Arbeit zu verbessern, wenn die Mitarbeiter es verlangen
- Der Vorgesetzte kümmert sich um persönliche Probleme der Mitarbeiter
- Der Vorgesetzte hat Vertrauen in die Mitarbeiter
- Der Vorgesetzte kümmert sich um die Zukunft der Mitarbeiter
- Der Vorgesetzte erkennt gute Arbeit an
- Der Vorgesetzte unterstützt die Mitarbeiter
- Mit dem Vorgesetzten läßt sich formlos reden

Das unmittelbare Ziel des Maintenance-Führungsstils ist die Unterstützung zur Selbsterhaltung der Gruppe (vgl. Kapitel 2.2.2). Er ermöglicht den Abbau interpersonaler Spannungen, Befriedigung der Bedürfnisse der Gruppenmitglieder nach Anerkennung, Beilegung von Konflikten und erlaubt es Minderheiten, ihre Meinung angemessen vertreten zu lassen (ebd.).

Die in der Maintenance-Führungsfunktion enthaltenen Aspekte von Verständnis, Unterstützung und Beteiligung des Mitarbeiters durch den Vorgesetzten, ebenso das

Vertrauen und die Sorge um die Zukunft des Mitarbeiters und seine Qualifizierung, wie sie aus den Items ersichtlich sind, sind als wichtige Faktoren für erfolgreiche Führung in der Gruppenarbeit anzusehen. Mit den oben aus den Situationsfaktoren der Gruppenarbeit abgeleiteten Anforderungen sind diese Aspekte weitestgehend deckungsgleich.

Letztlich bestehen auch an die Führungspersonen in Einzelarbeit solche Anforderungen. Aufgrund der arbeitssituativen Gegebenheiten der Gruppenarbeit hat es hier jedoch andere Folgen, wenn Führungspersonen diesen Anforderungen nicht gerecht werden, wie im vorangegangenen Kapitel gezeigt werden konnte. Allein aus den Anforderungen, die sich aus der Gruppenarbeitssituation an erfolgreiche Führung ergeben, kann hier eine erhöhte Relevanz der Faktoren Aufrechterhaltung, Festigung und Stärkung der Gruppe im Führungsverhalten, wie es Maintenance-orientiertes Führungsverhalten leistet, erwartet werden.

Für die Performance-Funktion des Führungsverhaltens dagegen läßt sich kaum eine arbeitssituationsspezifische Relevanz hinsichtlich Gruppen- oder Einzelarbeit ableiten: Die Aufgabenerledigung selbst und letztlich der Programmdruck in der industriellen Produktion hängt nicht mit der Arbeitsorganisation zusammen. In Gruppen- und Einzelarbeit ist daher die Ausübung der Performance-Funktion, die der Zielerreichung dient, angezeigt.

Geht man wie Misumi vom transsituational erfolgreichen PM-Führungsstil aus, dann läßt sich vermuten, daß, wie in den meisten Führungssituationen, ein aus Performance- und Maintenance-Anteilen bestehendes Führungsverhalten sich auch in der Gruppenarbeit als erfolgreich herausstellen würde. Der Maintenance-Komponente des Führungsverhaltens scheint jedoch in der Gruppenarbeit eine besondere Bedeutung im Sinne einer Conditio sine qua non zuzukommen.

Dieser Annahme zufolge ließe sich in Gruppenarbeitssituationen ein ausgeprägter Zusammenhang zwischen der Maintenance-Verhaltenskomponente einer Führungsperson und ihrem Führungserfolg vermuten. Dieser Zusammenhang stellt den Inhalt der in Kapitel 2.3 einzuführenden ersten Hypothese der Untersuchung dar.

2.2.4 Einführung von Gruppenarbeit - Konsequenzen auf der unteren Führungsebene

Die Einführung von Gruppenarbeit in Arbeitsbereiche, die traditionell hoch arbeitsteilig in Einzelarbeit organisiert sind, führt innerhalb kurzer Zeit zu Veränderungen in den Anforderungen an das Führungsverhalten der Meisterebene. Die notwendige Umstellung erfolgt zumeist nicht ohne Schwierigkeiten. Auf individueller und organisationaler Ebene kann der Wechsels hin zu einer partizipativeren Arbeitsorganisation von verschiedenen Widerständen begleitet sein. Inwiefern sich Führungsverhalten den durch die Gruppenarbeit entstehenden Anforderungen letztlich anpaßt oder nicht, ist von spezifischen personalen und situativen Einflußfaktoren abhängig.

Die Diskussion der Konsequenzen, welche die Einführung von Gruppenarbeit auf der Meisterebene haben kann, wird in den folgenden Abschnitten 2.2.4.1 und 2.2.4.2

anhand der Aspekte Widerstand und Anpassung geführt. Besondere Beachtung findet hierbei der individuelle Umgang der Führungskraft mit den Führungsanforderungen der Gruppenarbeit.

2.2.4.1 Widerstände und ihre Bedeutung

Die Einführung von Gruppenarbeit bedeutet einen organisatorischen Wandel, der erfahrungsgemäß Widerstände weckt. Widerstände gegen geplanten Wandel in Organisationen können sowohl in ökonomischen als auch sozial-psychologischen Faktoren ihre Ursachen haben. Wandel in Organisationen wird in dieser Einteilung von Carlisle (1976, in Staehle, 1991) als geplante Veränderung gesamter Organisationen bzw. ihrer wesentlichen Teile definiert. Unter die ökonomischen Faktoren werden dabei die Angst vor Arbeitsplatzverlust und die Gefahr der Dequalifizierung mit möglichen Lohneinbußen zusammengefaßt. Die sozial-psychologischen Faktoren umfassen Ängste vor ungewissem Ausgang des Wandels, davor, der neuen Aufgabe nicht gewachsen zu sein und mit den neuen Kollegen oder der Gruppe nicht zurechtzukommen. Des weiteren werden Ängste, Statussymbole und inzwischen gewonnene Autonomie am Arbeitsplatz wieder zu verlieren sowie die Angst vor einer grundsätzlichen Veränderung der vertrauten formalen und informalen Beziehungsmuster der Organisation genannt. Diese Ängste dürfen laut Staehle keineswegs unterschätzt werden: "Jede Gefährdung der Sicherheit, die man im langjährigen Umgang mit einer Aufgabe an einem Arbeitsplatz und mit vertrauten Kollegen gewonnen hat, ist mit massiven Ängsten verbunden." (1991, S. 902).

Abhängig ist das Ausmaß von Widerständen vor allem von der Implementationsstrategie, den Persönlichkeitsmerkmalen der Betroffenen und den organisationalen Rahmenbedingungen. Der Widerstand manifestiert sich offen oder verdeckt u.a. in expliziter Ablehnung der geplanten Innovation, erhöhtem Absentismus, Leistungs- und Qualitätseinschränkungen oder auch dem Wunsch nach Versetzung (vgl. Staehle, 1991, S. 900).

Bei der Einführung partizipativer Führungsmodelle beschreibt Klages (in Steinle, 1980) als maßgebliche Ursachen für Implementationswiderstände den Lernaufwand, die psychischen Kosten durch die Aufgabe traditioneller Führungsverhaltensweisen, die Infragestellung erworbener Kompetenz- und Kommunikationsbeziehungen sowie die Statusverunsicherung und den Statusverlust. Steinle (1980) lokalisiert Implementationswiderstände gegen partizipative Führungsmodelle besonders in den Ursachen des Verhaltens der von der Implementation betroffenen Personen. So bilden Motiv- und Persönlichkeitsstrukturen, Erwartungen, die Abhängigkeit von habitualisierten Normen und homöostatische Tendenzen (traditionelles Verhalten wird mit "guter" Erfahrung begründet, die Schwächen partizipativer Führung werden selektiv wahrgenommen) hier die individuell zugrundeliegenden Motive für Widerstände.

Die Übertragung von Führungsfunktionen auf die Gruppe in der Einführung von Gruppenarbeit (vgl. Kap. 2.1.3) bedeutet für den einzelnen Vorgesetzten eine grundlegende Veränderung seiner Rolle, die "nicht selten als Bedrohung seiner beruflichen Existenz"

(Wunderer & Grunwald, 1980, S. 393) empfunden wird. So zählen Rohmert & Weg bezogen auf teilautonome Arbeitsgruppen die Umgestaltung der Meisterrolle zu den Hauptproblemen bei der Einführung von Gruppenarbeit (1976, in Wunderer & Grunwald, 1980, S. 394). In diesem Zusammenhang wird häufig die Unfähigkeit der Meister erwähnt, auf Elemente autoritären Führungsstils zu verzichten oder die Veränderungen auch im konkreten Handlungsgeschehen umzusetzen (Bargmann, 1984, Altmann et al., 1982).

Eine Folge möglicher Statusverluste der Meister bei der Einführung von Gruppenarbeit stellt für Bargmann die illegale Machtausübung dar:

> Der permanente Entzug von Entscheidungskompetenzen wird zu kompensieren versucht durch einen umfassenden Machtanspruch, den die Meister um die formale Struktur der Organisation herum durchzusetzen trachten. D.h. die Meister nehmen Kompetenzen, die ihnen formal nicht (mehr) zustehen, weiterhin wahr; sie üben illegale Macht aus. (Bargmann, 1984, S. 52)

Bei der Einführung von Qualitätszirkeln, die an dieser Stelle als problemlösungsorientierte Form von Gruppenarbeit erwähnt werden, stellen die Widerstände von seiten des mittleren Managements ein häufig genannte Problematik dar. Obwohl es bei der Einführung von Qualitätszirkeln nicht notwendigerweise zu einer Beteiligung direkter Mitarbeiter an betrieblichen Entscheidungen kommt, da die Gruppen als extern vom eigentlichen Arbeitsablauf bestehende Problemlösegruppen fungieren, rufen die von den Qualitätszirkeln erarbeiteten und u.a. den Meistern unterbreiteten Problemlösungen oft Widerstände hervor. Während die Geschäftsleitung die Einführung des Qualitätszirkels meist unterstützt, wird sie von den Meistern nur geduldet (vgl. Zink & Schick, 1987, S. 36):

> Gewöhnlich gehören die Leute, die die Lösungsvorschläge der Qualitätszirkel annehmen, zum mittleren Management. Die meisten von ihnen spielen in Qualitätszirkeln keine Rolle. Häufig ist es ihnen unangenehm, sich neue Ideen anzuhören, auf die sie Ihrer Meinung nach selber hätten kommen können oder die einschneidende Änderungen ihrer Tätigkeit zur Folge haben. (Lawler und Mohrmann, 1985, S. 36)

Die Ursache für dieses Verhalten verorten Zink und Schick (1978) in der Angst vor möglichen Kompetenzbeschneidungen und der Befürchtung, daß eigene Fehler aufgedeckt werden und aufgedeckte Mißstände als eigene Versäumnisse interpretiert werden könnten. In einer von Antoni referierten Studie (1988, S. 84) sahen von 48 befragten Unternehmen 35% das Hauptproblem bei der Einführung von Problemlösegruppen in der ungenügenden Unterstützung durch das mittlere und untere Management.

Die Einführung von Formen der Gruppenarbeit und partizipativen Führungsmodellen kann also mit einer Reihe von Ängsten für die untere, gruppenleitende Führungsebene der Meister verbunden sein. Der Grad der Berechtigung solcher Ängste läßt sich im Bezug auf die Einführung von Gruppenarbeit erkennen, wenn Hackman & Oldham unter der Überschrift "complications for managers" für die gruppenleitende Ebene formulieren:

> The first-line managers are likely to have all of the skills required to help members of self-managing groups develop themselves into sophisticated performing units. Indeed, the knowledge and skills that characterize fully developed self-managing work groups probably exceed those held by most first-line managers at the time the groups are initially formed. How are managers to help a group learn to do things they do not know how to do? Worse, when managers do succeed in helping groups assume high levels of responsibility in the social, technical, and economic arenas, they will probably have worked themselves out of a job in the work process. (1980, S. 212)

Widerstände sind eine mögliche Konsequenz auf der Meisterebene bei der Einführung von Gruppenarbeit. Ob bei der Einführung von Gruppenarbeit prinzipiell mit Widerständen auf der Meisterebene zu rechnen ist, hängt von mehreren Faktoren ab. Einsiedler (1986) untersuchte Werthaltungen von Führungskräften gegenüber partizipativen Veränderungsstrategien und isolierte als Einflußfaktoren auf eine "Partizipationsneigung" der Führungskraft Veränderungsbereitschaft, situative Autonomie, Ausbildungshöhe, das Manager-Mitarbeiterverhältnis und den Grad der Informiertheit über die einzuführende Veränderungsstrategie. Wenngleich hier unter partizipativen Veränderungsstrategien nur eingeschränkt unmittelbar führungsrelevante Veränderungen verstanden werden, spricht eine "grundsätzlich positive Grundstimmung" (ebd., S. 371) bei den von der Veränderung betroffenen Führungskräften der von Einsiedler untersuchten Stichprobe gegen das prinzipielle Auftreten von Widerständen bei der Einführung partizipativer Arbeitsformen.

Die Bedingungen, die Einstellungen von Führungskräften gegenüber Interventionen wie der Einführung von Gruppenarbeit implizieren, werden von Fischer auf zwei Momente zurückgeführt: Erstens auf die berufliche Veränderungsfähigkeit und zweitens auf die Interessen der Führungskräfte, die durch die betriebliche Arbeitsstrukturierung tangiert werden (vgl. Fischer, 1993, S. 244).

Mit dem ersten Punkt ist die Fähigkeit des Meisters gemeint, sich einem Wandel der beruflichen Anforderungen anzupassen. Sie ist bedingt durch die in einem bestimmten, entweder starr geregelten oder flexible Handlungsabläufe fordernden Kontext von Organisationsstruktur geformte Berufsrolle. Es wird dabei angenommen, daß bei hoher Variabilität in den Fertigungsabläufen der Grad der beruflichen Veränderungsfähigkeit und Veränderungsbereitschaft hinsichtlich einer angestrebten Arbeitsstrukuierung bei den unteren Führungskräften entsprechend hoch ist.

Dies gilt jedoch nur, wenn der zweite Punkt, die Interessen der Führungskraft, nicht bedroht bzw. verletzt werden. Interessensdivergenzen der geplanten Intervention mit den unteren Führungskräften können z. B. die Übertragung von dispositiven Befugnissen auf diejenigen ausführenden Arbeitskräfte sein, die vordem zum Arbeitsbereich der Führungskräfte gehörten. In Übereinstimmung mit den Interessen der unteren Führungsebene steht bei der Einführung von Gruppenarbeit beispielsweise die Beruhigung des Fertigungsflusses und die dadurch bedingte Reduktion der psychisch-physischen Belastung (vgl. Fischer, 1993, S. 244).

2.2.4.2 Anpassung des Führungsverhaltens an situative Anforderungen

Als eine alternative Konsequenz der Einführung von Gruppenarbeit auf das Führungsverhalten der unteren Ebene neben der Entstehung von Widerständen wäre ebenso die Anpassung oder Angleichung des Verhaltens an die situativen Anforderungen durch die Meister denkbar. Bezogen auf die Meisterebene läßt sich hierzu feststellen, daß aus der Einführung der Gruppenarbeit eine für den Meister durchaus positiv zu bewertende Situation entstehen kann: Der Meister "erhält [...] Zeit und Freiraum, sich stärker an Entwicklungs- und Planungsprozessen sowie an der kontinuierlichen Verbesserung des sozio-technischen Systems zu beteiligen" (Antoni, 1992b, S. 51 f.). Seel zeigt hierzu in ihrer Arbeit, daß jüngere Meister die Einführung von Gruppenarbeit eher als ältere Meister positiv wahrnehmen und gewillt sind, sich den Anforderungen an das Führungsverhalten in der Gruppenarbeit anzupassen (1990, S. 150 ff., s. a. Antoni, 1992b).

In welchem Zusammenhang Anpassungsvorgänge mit Widerständen gegen Wandlungsprozesse in Organisationen stehen, kann anhand eines Phasenmodells des Widerstandes von Watson (1975) beschrieben werden. Massive Widerstände gegen Innovationen in Organisationen münden bei einem Erfolg des Wandels nach diesem Modell letztlich in Anpassung an neue Strukturen und sind temporär begrenzt. Der Wandel schließlich stellt sich nach Watson wie folgt dar:

1. Phase: Pioniere sind eindeutig in der Minderzahl, Widerstand ist massiv und undifferenziert
2. Phase: Kräfte pro und contra werden identifizierbar
3. Phase: direkte Konfrontation und für den Erfolg des Wandels entscheidende Positionskämpfe
4. Phase: Widerstände nehmen ab, Einbindung in die Opposition
5. Phase: entspricht Phase 1 mit umgekehrten Vorzeichen, Opponenten sind eindeutig in der Minderzahl. (1975, in Staehle, 1991, S. 900)

Staehle vertritt die Auffassung, daß Widerstände eine "selbstverständliche Begleiterscheinung" von Wandel sind, die zur Überwindung in ihren Ursachen erkannt werden müssen (1991, S. 904).

Eine Anpassung des Führungsverhalten an die Anforderungen der Gruppenarbeit auf der unteren Ebene stellt bei der Einführung von Gruppenarbeit meist nur bedingt einen intendierten Aspekt der Organisationsintervention dar. Sie wird eher als "Nebeneffekt" gesehen, der, zwar oft durch Qualifikationsmaßnahmen wie Führungstrainings unterstützt, sich mit dem Prozeß der Gruppenarbeitseinführung vollziehen soll (vgl. Kap 2.1.3). Altmann et al. (1982, S. 150) bewerten es als Defizienz bei der Einführung neuer Arbeitsformen wie der Gruppenarbeit, daß herkömmliche Führungsstile von Vorgesetzten dabei meist erhalten bleiben. Die Erwartungen von Mitarbeitern der

Arbeitsgruppen an ein situationsadäquates Verhalten ihrer direkten Vorgesetzten dagegen sind sehr hoch (Euler, 1987, S. 184).

Die situative Variierbarkeit von Führungsverhalten ist allgemein schwer zu beurteilen, Situation und Führungsverhalten stellen im zeitlichen Längsschnitt keine Konstanten dar. Das Führungsverhalten wirkt zudem verändernd auf die Situation zurück und umgekehrt. Katz & Kahn beschreiben ein in einer bestimmten Situation gezeigtes Führungsverhalten als Folge von und Ursache für Situationsänderungen (1978). Eine forschungstheoretisch fundierte Prognose von Führungserfolg zu erstellen, wird somit schwierig. Nach Katz & Kahns Modell der Bedingungen und Folgen von Führungsverhalten läßt sich ein individuelles Führungsverhalten als systematisch bedingtes ständiges Oszillieren zwischen verschiedenen Verhaltensmodalitäten und Verhaltensintensitäten verstehen, welches die in der Situation jeweils eingetretenen und qualitativ verschieden zu beantwortenden Soll-Ist-Differenzen zu beseitigen sucht (1978, in Gebert & Rosenstiel, 1992, S. 166).

Ist eine Führungskraft verschiedenen führungsrelevanten Einflüssen ausgesetzt (Arbeitsumorganisation, Trainings etc.), so hat sie nach Maßgabe der zeitlichen Instabilität des eigenen Verhaltens und der veränderten Situation entprechend verschieden zu führen (Gebert & Rosenstiel, 1992). Die Fähigkeit, das Spektrum verschiedener Führungsstile glaubhaft zu realisieren, setzt ein gewisses Maß an Flexibiltät des Verhaltens voraus. Mit Organisationsinterventionen auf individueller Ebene, beispielsweise Führungstrainings, (vgl. Misumi, 1990, S. 298) wird versucht, diese Fähigkeit zu erweitern. Die Modifizierbarkeit von Führungsverhalten durch entsprechende Interventionen wird jedoch eher negativ beurteilt (Gebert & Rosenstiel, 1989). Betrachtet man den Vorgang der Führungsverhaltensänderung wie Brandstätter als Veränderung sozialer Verhaltensweisen, so läßt sich konstatieren, daß nachhaltige Veränderungen des sozialen Verhaltens von Personen in Organisationen aus der Perspektive der Organisationsintervention schwierig sind und noch am ehesten durch reflektierte Erfahrung in Trainingsgruppen zu erreichen sind (Brandstätter, 1989, S. 18 f.). Mögliche Anpassungsvorgänge des Führungsverhaltens gestalten sich demnach insgesamt langsam. Es gibt einige Studien, in denen Führungspersonen ihr Verhalten von "autoritär" auf "kooperativ" umzustellen in der Lage waren (vgl. Mc Call, 1976). Die Veränderungsvorgänge waren jeweils von der Qualität der Leistungen der Mitarbeiter abhängig.

Für eine generelle Anpassung des Führungsverhaltens sprechen die Ergebnisse von Sakamaki (1974, in Misumi, 1990, S. 274). Er führte Studien zur Stabilität und Veränderbarkeit von Führungsverhalten durch, in denen die Führungskräfte zweier japanischer Banken über zwei Jahre hinweg in ihrem Verhalten gemessen wurden. Die Daten der verschiedenen Erhebungen wurden personenspezifisch korreliert, wobei sich je nach zwischenzeitiger Versetzung erhebliche Unterschiede in den Korrelationen ergaben. Waren die Personen versetzt und mit einem neuen Arbeitsumfeld konfrontiert worden, änderte sich das Führungsverhalten. Blieben die Führungskräfte in gewohnter Umgebung, ergaben sich hohe Korrelationen zwischen den Daten der beiden Erhebungen. Besonders starke Differenzen zwischen versetzten und nicht-versetzten

Führungskräften ergaben sich bei der Betrachtung der Maintenance-Scores. Dies deutet auf eine relativ hohe Variabilität dieser Verhaltenskomponente hin.

Misumi mißt dem Einfluß des sozialen Settings und dessen Anforderungen, in dem der Führungsprozeß stattfindet, eine große Bedeutung hinsichtlich der Art zu, wie Performance- oder Maintenance-Anteile des Führungsverhaltens zum Ausdruck kommen (vgl. Misumi, 1990, S. 262 und Kapitel 2.2.2.2 der vorliegenden Arbeit). Misumi betont, daß die "Persönlichkeit" der Führungsperson nur eine Determinante seines Verhaltens ist. Verhaltensänderungen können demnach neben personalen Maßnahmen (z. B. Trainings) auch durch Veränderungen der Situation erwirkt werden.

Die Situations- bzw. Aufgabenabhängigkeit individueller Führungsstile zeigen auch die Arbeiten von Wilpert (1977). In ihrem als Wahl von Entscheidungsmethoden operationalisierten Führungsverhalten zeigten Führungkräfte darin Abhängigkeit von verschiedenen kontingenten Variablen wie z. B. Personen-Merkmale der Führungsperson oder der organisatorischen Makrostruktur. Die Aufgaben- und organisatorische Mikrostruktur in der Führungssituation spielte eine herausragende Rolle als Kontingenzfaktor des Führungsverhaltens:

> Führungsverhalten ist durch eine Tendenz zur `angemessenen´ Paßform von Aufgabenstruktur und engeren Organisationsmerkmalen einerseits und dem Grad der Zentralisation der Entscheidung beim Vorgesetzten geprägt. (ebd. S. 137)

Zusammenfassend lassen sich hinsichtlich einer generellen oder graduellen Anpassung von Führungsverhalten an Anforderungen, wie sie aus der Gruppenarbeit erwachsen, heterogene Forschungsergebnisse feststellen. Es wurden unterschiedlichste Belege aus der empirischen Forschung angeführt, welche die Abhängigkeit des Führungsverhaltens von situativen Anforderungen und Bedingungen zeigen. Das Führungsverhalten wurde dabei jeweils als durch die Arbeitssituation moderiert, bedingt oder in bestimmten Komponenten begünstigt beschrieben. Bezüglich des Führungsverhaltens der unteren Ebene ließe sich annehmen, daß dieses ebenso von der jeweilig vorherrschenden Arbeitssituation abhängig ist. Im Sinne eines Überkommens von Widerständen und vor dem Hintergrund der PM-Theorie von Misumi und den Ansätzen weiterer angeführter Autoren (u.a. Antoni, 1992b, Wilpert, 1977, Watson, 1975) erscheint daher die Annahme einer Angleichung des Führungsverhaltens der Meister an die unter Kap. 2.2.3 beschriebenen Anforderungen der Gruppenarbeit plausibel. Diese Annahme ist Inhalt der im folgenden Kapitel einzuführenden Hypothese 2.

2.3 Hypothesen der Untersuchung

In den vorangegangenen Kapiteln wurden Untersuchungsziel und -thema dargelegt. Es ist herausgearbeitet worden, wie sich die situativen Anforderungen an das Führungsverhalten in Gruppenarbeit aus arbeitsorganisatorischer und führungstheoretischer Perspektive in der industriellen Fertigung darstellen. Dabei wurde Misumis Konzept der Maintenance-Führungsverhaltensfunktion als notwendige Bedingung erfolgreicher Führung in Gruppenarbeit begründet und geschildert, wie es zu Anpassungen des Führungsverhaltens an situative Anforderungen kommen kann. Im folgenden werden die Hypothesen der Untersuchung expliziert. Es wurden zwei Haupthypothesen formuliert.

Hypothese 1:

Die Maintenance-Führungsfunktion ist in der Gruppenarbeitssituation (t_2) wichtiger als in der Einzelarbeitssituation (t_1). Je größer die wahrgenommene Maintenance-Führungsfunktion (M) eines Meisters in der Gruppenarbeit ist, desto erfolgreicher ist sein Führungsverhalten. Als Kriterien für Führungserfolg gelten dabei verschiedene Klimavariablen (K). Hohe Werte von Maintenance-Verhalten in der Gruppenarbeit sollen dabei mit hohen Werten auf den einzelnen Klima-Skalen für Führungserfolg einhergehen. Zwischen den M-Werten einerseits und den Klimawerten andererseits besteht eine multiple Korrelation ($\rho_{K.M}$). Diese ist in der Gruppenarbeitssituation gegenüber der Einzelarbeitssituation signifikant erhöht.

a: $H_0 : \rho_{K.M}(t_1) \leq 0$ **b:** $H_0 : \rho_{K.M}(t_2) \leq 0$ **c:** $H_0 : \rho_{K.M}(t_1) \geq \rho_{K.M}(t_2)$

$H_1 : \rho_{K.M}(t_1) > 0$ $H_1 : \rho_{K.M}(t_2) > 0$ $H_1 : \rho_{K.M}(t_1) < \rho_{K.M}(t_2)$

$\alpha = 0.05$ $\alpha = 0.05$ $\alpha = 0.05$

Hypothese 2:

Durch die Einführung von Gruppenarbeit in arbeitsteilig organisierte, industrielle Fertigungsbereiche kommt es zu einer Angleichung des Führungsverhaltens an die situativen Anforderungen bezüglich der Maintenance-Funktion. Diese ist bereits ein halbes Jahr nach der Einführung der Gruppenarbeit feststellbar.

Es wird eine Differenz der Ausprägung der Maintenance-Führungsfunktion (μ_{dM}) vor der Gruppenarbeitseinführung (t_1) gegenüber Verhaltensausprägungen erwartet, die ein halbes Jahr nach der Einführung (t_2) gemessen werden.

$$H_0 : \mu_{dM} \leq 0$$
$$H_1 : \mu_{dM} > 0$$
$$\alpha = 0.05$$

Für die Ausübung der Performance-Funktion der Meister wird mit der Einführung von Gruppenarbeit keine Veränderung erwartet.

3. Darstellung des untersuchten Betriebes

In diesem Kapitel wird der Betrieb dargestellt, in dem die Untersuchung durchgeführt wurde. Nach der Schilderung der Kontaktaufnahme zum Betrieb im ersten Abschnitt (Kap. 3.1) werden im zweiten Abschnitt (Kap. 3.2) des Kapitels in Kürze einige Eckdaten und die Situation des Betriebes beschrieben.

Im dritten Abschnitt (Kap. 3.3) wird das Projekt "Neue Formen der Arbeitsorganisation" des Betriebes dargestellt. Die Zielsetzungen, das Vorgehen des Projektes und seine Einbindung in den gesamtbetrieblichen Rahmen werden in den Abschnitten 3.3.1 bis 3.3.3 aufgezeigt.

Der erste Abschnitt (Kap. 3.3.1) beschreibt die Tragweite der Einführung von Gruppenarbeit im Rahmen des Projektes. Der zweite Abschnitt (Kap. 3.3.2) thematisiert, wie sich das Planungs- und Umsetzungskonzept der Gruppenarbeit im Betrieb gestaltet. Die Form der im Betrieb geplanten und - in einigen Projekten bereits umgesetzten - Gruppenarbeit wird im dritten Abschnitt (Kap. 3.3.3) anhand der unter Kapitel 2.1.1 gewählten Kriterien der Handlungsspielräume eingeordnet. Auf die geplanten Veränderungen in der unteren Führungsebene des Betriebes geht der vierte Abschnitt (Kap. 3.3.4) des vorliegenden Kapitels ein. Hier werden die allgemeine Aufgabenstruktur, das spezifisch für die Qualifikation von Meistern in der Gruppenarbeit vorgesehene Bildungsprogramm des Betriebes sowie besondere Einflußfaktoren für das Führungsverhalten der Meisterebene im Betrieb geschildert.

Die Produktionsbereiche, in denen die Untersuchung der vorliegenden Arbeit durchgeführt wurde, werden im vierten Abschnitt (Kap. 3.4) mit ihren Aufgabenstrukturen und technischen Voraussetzungen beschrieben. Dabei wird besonders auf die geplante arbeitsorganisatorische Umstrukturierung der Bereiche im Zuge der Gruppenarbeitseinführung eingegangen.

3.1 Kontaktaufnahme

Im Rahmen des Seminars "Neue Formen der Gruppenarbeit" von Prof. Wilpert an der Technischen Universität Berlin fand im Wintersemester 1991/1992 eine Werksbesichtigung in dem untersuchten Betrieb statt, die Einblick in die Gruppenarbeit in einigen Produktionsabteilungen gewährte. 1993 nutzte ich diesen Kontakt, um das Forschungsvorhaben im Rahmen einer Diplomarbeit im Bereich neuer Formen der Arbeitsorganisation zu konkretisieren. Das so entstandene Untersuchungsvorhaben wurde von der Gruppenarbeit planenden und einführenden Instanz des Managements des Betriebes, dem Steuerkreis, genehmigt und vertraglich abgesichert. Die Betreuung der Untersuchung im Werk wurde vom Steuerkreis übernommen.

Eine ausführliche Schilderung der Bedingungen der empirischen Arbeit im Betrieb und den dort gemachten Erfahrungen erfolgt in Form eines Exkurses, der sich in der Arbeit vor der Ergebnisdarstellung in Kapitel 5 befindet. Die Durchführung des Forschungsvorhabens in einem Automobilunternehmen kam meiner Untersuchung sehr entgegen, da sich auch große Teile der Forschungsliteratur zum Thema Gruppenarbeit auf die Automobilindustrie beziehen.

3.2 Allgemeine Kenndaten und Situation des Betriebes

Bei dem untersuchten Berliner Betrieb handelt es sich um ein Produktionswerk eines Automobilkonzerns. Es werden dort ca. 5000 verschiedene Einzel- und Kompletteile gefertigt, die den weiteren Produktions- und Montagewerken des Konzerns zugeliefert werden.

Von den zur Zeit der Durchführung der vorliegenden Untersuchung 2800 Beschäftigten des Werkes sind rund 1400 als gewerbliche Mitarbeiter in der Produktion tätig. Es sind insgesamt ca. 55 % der Beschäftigten angestellt. Die überwiegende Anzahl der Mitarbeiter des Werkes wird in Form eines "Pensumlohns", ein übertariflicher, in einer Betriebsvereinbarung festgeschriebener Akkordlohn, entlohnt. Von den Produktionsmitarbeitern sind ca. 40% ausländischer Nationalität und 10% Frauen. Die durchschnittliche Betriebszugehörigkeit liegt mit 12,9 Jahren hoch, was u.a. auf die relative Arbeitsplatzsicherheit zurückführbar ist: Die Unkündbarkeit nach 25 Jahren Betriebszugehörigkeit ist in der Arbeitsordnung verankert. Hinsichtlich des Qualifikationsstandes der in der Produktion Beschäftigten ist noch erwähnenswert, daß nur 10% von ihnen keine abgeschlossene Berufsausbildung haben und 45% einen Metallberuf erlernten.

Insgesamt hatten Werk und Konzern im Jahr 1992 sinkende Absatzzahlen zu verzeichnen, was sich in einem defizitären operativen Ergebnis des Jahres niederschlug, das sich schließlich auch im Berliner Werk des Konzerns bemerkbar machte: belegt mit einem erheblichen Einsparungspotential wurde 1992 erstmalig Kurzarbeit eingeführt und es findet Personalabbau statt (Interne Quellen I).

3.3 Projekt "Neue Formen der Arbeitsorganisation"

Die allgemeine Situation des Konzerns führte zu der Verabschiedung einer Anzahl von Projekten, mit denen u.a. die Produktgestaltung und Logistik optimiert, der Kapitaleinsatz verringert oder die Arbeits- und Betriebszeitregelungen des Werkes verbessert werden sollten. "Neue Formen der Arbeitsorganisation" ist ein weiteres Projekt der "Strategischen Geschäftsfeldplanung" (so die Bezeichnung dieser Projektreihe).

Ziel des Projekts ist einerseits die Verbesserung der Kostenposition (u.a. durch verbesserte Maschinenauslastung), andererseits die Verbesserung der Arbeitssituation für die Mitarbeiter. Entsprechend dieser zweigleisigen Zielsetzung wurde die Einführung von Gruppenarbeit in Pilotprojekten in einer Betriebsvereinbarung des Werkes geregelt, in der sowohl der Kostengesichtspunkt als auch die Verbesserung der Arbeitssituation für die Mitarbeiter in der Gruppenarbeit (u.a. als Erhöhung der Arbeitszufriedenheit oder Höherqualifizierung) festgelegt wurden.

Neben der allgemeinen Situation des Konzerns spielten bei der Einführung des Projektes im Werk, so die Darstellung des Managements, vor allem Marktanforderungen eine entscheidende Rolle: verbesserte Qualität, Terminsicherheit und Kundenorientierung erfordern in der Produktion höhere Flexibilität.

Darüberhinaus wird im Zuge des Wertewandels ein allgemein wachsendes Interesse an der Arbeit selbst als Grund für die Einführung neuer Formen der Arbeitsorganisation angeführt (Interne Quellen II).

Der Konzern hat hinsichtlich der Einführung von Gruppenarbeit dem untersuchten Werk keine verbindlichen Zeit- oder Konzeptvorgaben gemacht. Das im folgenden dargestellte Konzept zur Einführung und Umsetzung von Gruppenarbeit im untersuchten Werk ist entsprechend werksspezifisch.

3.3.1 Einführung von Gruppenarbeit

Das erste Pilotprojekt zur Einführung von Gruppenarbeit im untersuchten Werk wurde 1987 eingeleitet, diesem folgten eine Anzahl weiterer Projekte, so daß zu Beginn der Untersuchung ca. 500 Mitarbeiter in 11 produktiven Bereichen in Gruppenarbeit tätig waren.

Der in den Bereichen bis zur Einführung der Gruppenarbeit vorherrschende Produktionstypus läßt sich durch die weitgehendende Trennung von planenden, kontrollierenden und ausführenden Tätigkeiten als tayloristisch bezeichnen (vgl. Seel, 1990, S. 39). Es finden sowohl verrichtungsorientierte Werkstattfertigung als auch reine Fließfertigung statt.

Die in der vorliegenden Arbeit untersuchten Fertigungsbereiche des Werkes, in denen 1993 die Einführung von Gruppenarbeit geplant und umgesetzt wurde, gehören neben sechs weiteren Bereichen zu den großflächigsten Gruppenarbeitsprojekten des Werkes. Spezifische Ziele auf der Ebene der Produktion sind die Optimierung der Arbeitsabläufe (die Vermeidung von Schnittstellenproblemen) und die Erhöhung der Maschinenauslastung.

3.3.2 Planungs- und Umsetzungskonzept

Die Planungs- und Umsetzungskonzepte für Gruppenarbeit sind im Zuge neu anlaufender Projekte des Werkes immer wieder verändert worden. Für die in den untersuchten Bereichen eingeführten Gruppenarbeitsformen gestalteten sich die Konzepte des Managements wie folgt:

Von der projektplanenden und -steuernden Instanz des Managements werden die Rahmenvorgaben für die neue Arbeitsform erarbeitet, Projekte definiert und schließlich die Entwicklung der Projekte überwacht und ausgewertet. Die eigentlich planende Instanz für die Umstrukturierung der Bereiche bilden die sogenannten Planungsteams. Dies sind aus Meistern, Mitarbeitern der tangierenden Fachbereiche, einem Mitglied des Betriebsrates und gegen Ende der Planungsphase auch aus direkt tätigen Mitarbeitern zusammengesetzte Gruppen, die die Umorganisation der Fertigungsbereiche planen. Hier werden die Gruppenbereiche entsprechend dem Aufgabenzusammenhang definiert und in der Realisierung des jeweiligen Projektes gruppenspezifische

Belange geklärt. Die letzte Instanz in der Umsetzung ist die Fertigungsgruppe, deren Aufgaben in der technischen und sozialen Mitarbeiterqualifizierungen bestehen.

Das Planungskonzept für Gruppenarbeit ist prozeßorientiert, d.h. es legt keinen Zeitpunkt fest, zu dem eine bestimmte Form von Gruppenarbeit vollständig installiert sein muß. Vielmehr wird versucht, durch die Übertragung der Feinplanungsprozesse auf die betroffenen Bereiche bereichsspezifisch im Hinblick auf Zeitbedarf und Umsetzungsprozeß vorzugehen.

Die Umsetzung der geplanten Gruppenarbeit geschieht sukzessiv. Die verschiedenen Integrationen von Umfeldtätigkeiten werden nach einem Stufenplan in die Gruppe verlagert, bei dem jede Stufe eine Planungsphase erfordert. Die Umsetzung der Gruppenarbeit wird somit - neben der zu Beginn der Umsetzung abgeschlossenen Arbeitskräfte-Berechnung und Wirtschaftlichkeitsabschätzung - in den Bereichen den jeweiligen Gegebenheiten entsprechend vorgenommen. Die Umsetzung wird meist durch einen Gruppenbetreuer begleitet (Interne Quellen II).

3.3.3 Form der geplanten Gruppenarbeit

Die theoretische Einordnung der praktisch umgesetzten Gruppenarbeit im untersuchten Betrieb ist insofern problematisch, da der Gestaltungsspielraum der Gruppen in der Praxis auch bei der Zugrundelegung konzeptueller Vorgaben variieren kann.

Die im Werk eingeführte Gruppenarbeitsform läßt sich mit den unter Kapitel 2.1.2 beschriebenen Form der Gruppenarbeit in der europäischen Lean Production vergleichen. Schwerpunkt der Arbeitsform ist die Integration von indirekten Tätigkeiten in die Arbeitsgruppe, die eine in sinnvollen Zusammenhängen und Systemgrenzen eingegrenzte Arbeitsaufgabe erledigt.

Die betriebsinterne Definition von Gruppenarbeit lautet:

> Gruppenarbeit ist die Zusammenarbeit mehrerer Mitarbeiter mit einer gemeinsamen Arbeitsaufgabe. Die Gruppe führt eine inhaltlich abgegrenzte, ganzheitliche und von ihr möglichst überprüfbare Arbeitsaufgabe aus. Sie regelt im Rahmen übergeordneter technischer und organisatorischer Festlegungen und Produktionsprogrammvorgaben die Verteilung einzelner Teilaufgaben sowie den Tätigkeitswechsel selbst. (Interne Quellen IIa, S. 30)

Tätigkeiten, die vor der Gruppenarbeit von spezialisierten tangierenden Fachbereichen erledigt wurden, werden nun in die Gruppe integriert. Darunter fallen Transportaufgaben, Wartungs- und Instandhaltungsaufgaben, Einrichtungsaufgaben, Material- und Betriebsmittelversorgung, Qualitätsprüfung und arbeitsorganisatorische Aufgaben. Die tangierenden Bereiche (z. B. Einrichter, Maschineninstandhaltung) werden mit der Gruppenarbeit zum Teil aufgelöst und in die Gruppe integriert, zum Teil bleiben sie (zur weiteren Versorgung von Einzelarbeitsbereichen) weiter bestehen.

Die Mitarbeiter der Gruppe haben Mehrfachqualifikationen, die überlappend sind. Diese werden mit Beginn der neuen Arbeitsorganisation durch verschiedene Qualifikationsprogramme erreicht. Die veränderten Qualifikationsanforderungen werden bei der

Entlohnung berücksichtigt (Interne Quellen IVa). Die Gruppen verfügen über Gruppensprecher, deren Aufgabe die Vertretung der Arbeitsgruppe nach außen ist und die innerhalb der Gruppe Regelungsaufgaben wie die Moderation von Gruppensitzungen übernehmen. In den Gruppensitzungen werden der Gruppe Zeit und Raum zur Besprechung von Problemen zur Verfügung gestellt.

Hinsichtlich der Tätigkeits- und Entscheidungsspielräume (vgl. Kap. 2.1.1) dieser Gruppenarbeitsform läßt sich analog zu den Konzepten der europäischen Lean Production einordnend feststellen, daß

a) durch die Integration einer Vielzahl von Umfeldtätigkeiten eine erhebliche Ausdehnung der Tätigkeitsspielräume der Gruppenmitglieder geplant ist, und

b) die Entscheidungsspielräume der Gruppen zwar begrenzt bleiben, die Gruppe aber dennoch in einem bestimmten Rahmen an Entscheidungen beteiligt wird: Als vollständig in die Gruppe integrierte Aufgabe aus dem vertikalen Spektrum ist die selbständige Schicht- und Urlaubsplanung zu sehen, außerdem die kurzfristige Übernahme der Fertigungssteuerung und die Programmierung der Maschinen (Wolf, 1989). Auch die Integration einiger Umfeldaufgaben, z. B. der Maschineninstandhaltung, lassen sich als ursprünglich der direkten Produktionsarbeit übergeordnete Aufgaben als vertikale Integration interpretieren.

Das Idealkonzept des Betriebes, wie es in einigen Fertigungsbereichen realisiert wurde, sieht einen sehr hohen Beteiligungsgrad vor. Im Betrieb sind des weiteren, wie bereits erwähnt, jeweils bereichsspezifische Ausformungen dieser Vorgaben vorfindbar. In den Planungsteams werden die Rahmenvorgaben der Umorganisation in einer Feinplanung umgesetzt, welche die Schnittstellen und Befugnisse der Gruppen definiert. Bei der tatsächlichen Umsetzung der Planung schließlich findet wiederum in einem bestimmten Rahmen ein Aushandlungsprozeß statt, in dem die Gruppe den Grad ihrer Selbstorganisation innerhalb der betrieblichen Rahmenbedingungen festlegen kann.

3.3.4 Die untere Führungsebene

In der Hierarchie des Betriebes stellt die Meisterebene diejenige Führungsebene dar, die den in der Produktion direkt tätigen Mitarbeitern vorgesetzt und weisungsbefugt ist. Bei der Umorganisation einiger Produktionsbereiche des Werkes zur Gruppenarbeit bleiben die Meister formal weiterhin in ihren Positionen als Führungskräfte bestehen. Ihre Rolle wird aus Sicht des Betriebes jedoch in der Gruppenarbeit als verändert eingeschätzt (Interne Quellen IIa, IIb, IVb).

3.3.4.1 Allgemeine Veränderungen in der Aufgabenstruktur

Die Aufgaben der Meister in traditioneller Einzelarbeitsorganisation, wie sie unter Kapitel 2.1.3.1 beschrieben werden, sind mit denjenigen, die sich im Betrieb vorfinden, weitgehend vergleichbar. Abgesehen von den Arbeitsformen in den Pilotprojekten für Gruppenarbeit ist das untersuchte Werk hoch arbeitsteilig organisiert, und dem entsprechend gestalten sich die Meisteraufgaben und -funktionen.

Als neue Aufgaben werden mit der Einführung der Gruppenarbeit von seiten des Betriebes (weitgehend analog zu den Darstellungen unter Kapitel 2.1.3.2) vor allem Führungsaufgaben in Gruppen, Zusammenarbeit in und mit Fertigungsbereichen und die Bearbeitung von Problemen angegeben (Interne Quellen Va, Vb). Die Meister sind von der Umorganisation zur Gruppenarbeit in zweierlei Hinsicht betroffen. Sie übernehmen einerseits in den Planungsteams einen Teil der Verantwortung für die Planung der Gruppenarbeit in ihren Bereichen und sind andererseits an der Umsetzung der Gruppenarbeit mit den direkt tätigen Mitarbeitern beteiligt. Die neuen Anforderungen an die untere Führungsebene im Betrieb stellen sich wie folgt dar:

> Um Gruppen und Teams zum Erfolg zu führen, müssen Führungskräfte qualitativ anspruchsvolle Aufgaben in die Verantwortung der Mitarbeiter geben und den Mitarbeitern den Raum für Kreativität und Eigenverantwortung einräumen. Mitarbeitern die Möglichkeiten zum eigenverantwortlichen Denken und Handeln zu geben, heißt für die Führungskraft auch, zum Initiator und Manager von kontinuierlichen Verbesserungsprozessen zu werden. Darüber hinaus werden durch Integration bisher tangierter Arbeitsbereiche in die Center und durch zunehmende Arbeit in Projekten - auch bereichsübergreifend - zukünftig mehr Aufgaben als bisher in geschäfts-prozeßorientierter Zusammenarbeit gelöst. Das Führen interdisziplinärer Teams und das Führen im Team erfordern von Führungskräften ein vernetztes Denken und Handeln. (Interne Quellen Va, S. 2)

3.3.4.2 Meister-Entwicklungprogramm des Betriebes

Für die untere Führungsebene ist von der Bildungsabteilung des Werkes ein Entwicklungsprogramm vorgesehen, welches besonders für die zukünftig in Gruppenarbeit tätigen Meister obligatorisch ist.

Das Programm besteht aus drei Seminarbausteinen, die jeweils drei Tage dauern. Dabei ist die Vermittlung folgender Inhalte vorgesehen:

Baustein 1:

Die Seminarteilnehmer sollen sich mit Veränderungsprozessen im Unternehmen auseinandersetzen, Notwendigkeiten und Auswirkungen der Veränderungen sollen reflektiert, der Prozeßcharakter und systematische Zusammenhänge von Veränderungen sollen erkannt werden. Es sollen Handlungsstrategien für die konkrete Umsetzung im eigenen Bereich entwickelt und Widerstände in Veränderungsprozessen abgeschätzt und diskutiert werden.

Baustein 2:

Die Seminarteilnehmer sollen die eigene Führungsposition und die Veränderungen der Aufgaben und Anforderungen an ihre Führungsrolle reflektieren. Sie sollen sich mit der Bedeutung von hierarchie- und bereichsübergreifender Zusammenarbeit auseinandersetzen und Bedingungsfaktoren einer effizienten Arbeit in Teams und Gruppen erkennen.

Baustein 3:

Die Teilnehmer sollen sich mit Gruppenentwicklungsprozessen auseinandersetzen und Strategien zur Nutzung des Potentials von Gruppen entwickeln. Sie sollen Vorgehensweisen zur Gestaltung von Entwicklungsprozessen und kontinuierlichen Verbesserungsprozessen erarbeiten.

3.3.4.3 Weitere mögliche Einflüsse auf das Führungsverhalten

Neben dem Entwicklungsprogramm des Werkes spielen als situative betriebliche Einflüsse auf das Führungsverhalten der Meister möglicherweise weitere Faktoren aus dem Arbeitsumfeld eine Rolle.

Ein erster solcher Faktor stellt eine betriebsweite Diskussion um Gruppenarbeit dar, die, zumindest zu Beginn der Einführung der Gruppenarbeit, vor allem in den betroffenen Bereichen geführt wurde. Die Aufstellung von Plakaten zum Thema Gruppenarbeit und Kooperation in den Fertigungsbereichen, die tägliche Auseinandersetzung der Meister mit Fragen der Gruppenarbeit durch die Mitgliedschaft in Planungsteams in der Einführungsphase und entsprechende Fragen der Belegschaft könnten weitere Einflußfaktoren auf das Führungsverhalten der Meisterebene sein. Durch die Betreuung der Arbeitsgruppen des Steuerkreises stehen die Meister auch in der Umsetzungsphase der Gruppenarbeit mit den Grundideen der Gruppenarbeit in Kontakt. Berichte über die Erfolge von Gruppenarbeit in der Werkszeitung und den öffentlichen Medien können ihrerseits als weitere Einflußfaktoren interpretiert werden.

Letztlich bildet auch die gesamtbetriebliche Situation und ein damit möglicherweise einhergehender Druck zu Veränderungen einen Einflußfaktor auf die untere Führungsebene und ihr Führungsverhalten (siehe Kap. 3.2).

3.4 Die untersuchten Bereiche

Die Untersuchung wurde in zwei Produktionsbereichen des oben beschriebenen Betriebes durchgeführt.

Die Auswahl dieser Produktionsbereiche kam der Forschungsfrage insofern entgegen, als es sich um zwei Fertigungen mit unterschiedlichen arbeitsorganisatorischen Voraussetzungen für die Einführung von Gruppenarbeit handelt. Im Exkurs wird die Kontaktaufnahme zu den Bereichen und die Zusammenarbeit mit ihnen beschrieben.

3.4.1 Beschreibung von Aufgabenstruktur und technischen Voraussetzungen

Im folgenden werden die Produktionsbereiche anhand einiger für die Gruppenarbeitsorganisation relevanter Größen tabellarisch beschrieben. Auf die Ergebnisse der Planungsteams für Gruppenarbeit wird dabei hinsichtlich der Art der Integrationen und der Qualifizierungen in der geplanten Gruppenarbeit eingegangen.

3.4.1.1 Produktionsbereich 1

Allgemeine Beschreibung	
Art der Fertigung	Fertigung von Bauteilen für Dieselmotoren
Anzahl direkte Mitarbeiter Anzahl Meister	60 4 (3) *
Automatisierungsgrad	Unterschiedlich; Automatisierungsgrade von manuellen Entgratplätzen bis zu Bearbeitungszentren und vollverketteten Anlagen
Qualifikationsanforderungen	Unterschiedlich; bis zu höherqualifizierten Anlagenbedienern
Schichtbetrieb	Überwiegend Dreischichtbetrieb
Taktbindung	An den überwiegenden Plätzen hoch
Ergebnisse der Planungsteams	
Anzahl der Gruppen Gruppengröße	4 ca. 15 Mitarbeiter
Qualifizierungen	Gegenseitige Qualifizierung in der Gruppe, Maschinenlehrgänge, Staplerscheine, Hydraulik/Pneumatiklehrgänge, Prüflehrgänge
Integrationen	Materialan- und ablieferung, Kühl- und Schmierstoffversorgung in Eigenregie, Entsorgungsaufgaben, Werkzeugbestellung, -bevorratung und -voreinstellung, Programmabsprachen mit Meistern (ansonsten Selbststeuerung), Überwachung und Tausch von Meßmitteln, Qualitätsselbstprüfung in Eigenverantwortung, Urlaubs-, Freischicht- und Schichtbelegungsplanung, Eigenreparaturen nach Möglichkeit, Rüstaufgaben einschl. Prüfumfänge, Drucken von Fertigungsplänen

Tab. 4: Beschreibung Produktionsbereich 1

* Anmerkung: Anstelle der ursprünglichen vier Meister des Bereiches sind durch einen Krankheitsfall zum Zeitpunkt der Gruppenarbeitseinführung nur noch drei Meister tätig.

3.4.1.2 Produktionsbereich 2

Allgemeine Beschreibung	
Art der Fertigung	Wärme- und Oberflächenbehandlung für unterschiedliche Teile der Fertigungen des Werkes
Anzahl direkte Mitarbeiter	ca. 40
Anzahl Meister	3
Automatisierungsgrad	Unterschiedlich; von nicht automatisierten Plätzen bis zu komplexen Ofensystemen oder Prüfplätzen
Qualifikationsanforderungen	Unterschiedlich; von einfachen Einlegearbeiten bis zu hochqualifizierten Systembedienern
Taktbindung	Gering; Vorherrschend Typus des Systembedieners
Schichtbetrieb	Einschicht-, Zweischicht- und Dreischichtbetrieb
Ergebnisse der Planungsteams	
Anzahl der Gruppen	3
Gruppengröße	8-12 Mitarbeiter
Qualifizierungen	Gegenseitige Qualifizierungen in der Gruppe, Maschinenlehrgänge
Integrationen	Qualitätssicherung (Selbstprüfung in Eigenverantwortung), Disposition der Maschinenauslastung, Urlaubs-, Freischicht- und Schichtbelegungsplanung, Instandhaltungsaufgaben

Tab 5: Beschreibung Produktionsbereich 2

Das Kriterium Automatisierungsgrad bezeichnet den Umfang des Einsatzes an automatisierten Anlagen und Maschinen. Ein Bereich mit vorwiegend Arbeitsplätzen manueller Montagearbeit oder konventionellen Fertigungsmaschinen bzw. Anlagen mit manueller Beförderung der Teile hat einen geringen Automatisierungsgrad. Ein Bereich mit ausschließlich NC-gesteuerten Maschinen mit einer dazugehörigen Leittechnik hat einen hohen Automatisierungsgrad. Unter Taktbindung wird der Grad der Fixiertheit der Mitarbeiter an ihren Arbeitsplätzen verstanden. Sehr hoch ist beispielsweise die Taktbindung bei kurzzyklischer Montagearbeit oder bei Einlegetätigkeiten an einer Maschine, sehr niedrig bei der Bedienung einer vollautomatischen Maschine.

4. Untersuchungsmethoden und Vorgehen

Die Untersuchung verwendet sowohl qualitative als auch quantitative Forschungsmethoden. Die im Theorieteil (Kap. 2) abgeleiteten Hypothesen werden zunächst durch Interviews hinsichtlich Ihrer augenscheinlichen Gültigkeit überprüft. Zur Hypothesenprüfung wurde eine schriftliche Befragung mit einem standardisierten Instrument durchgeführt. Der methodische Schwerpunkt liegt auf dem quantitativen Teil.

Nach einer Darstellung des Untersuchungsplanes (Kap. 4.1) erfolgt die Beschreibung der einzelnen Untersuchungsphasen und der in diesen Phasen verwendeten Instrumente. Kapitel 4.2 informiert über die Explorationsphase, in der zum einen Vorgespräche (Kap. 4.2.1) und zum anderen sieben Experteninterviews (Kap. 4.2.2) geführt wurden. Der Leitfaden, die Expertenauswahl und das Auswertungsverfahren der Interviews werden vorgestellt (Kap. 4.2.2.1 bis 4.2.2.3).

Die Erfassung des Führungsverhaltens wird im quantitativen Methodenteil (Kap. 4.3) dargestellt. Nach der Diskussion verschiedener Methoden zur Führungsverhaltensmessung (Kap. 4.3.1) wird die Instrumentauswahl des PM-Instruments von Misumi begründet. Das Instrument wird in Skalen, Güte und Modifikationen vorgestellt (Kap. 4.3.3). In Kapitel 4.3.4 werden die wesentlichen Aspekte der Datenerhebung referiert und die Stichproben beschrieben.

In Kap. 4.4 werden die Verfahren zur Prüfung der Hypothesen und zur Ermittlung der Testgüte vorgestellt.

4.1 Methodenüberblick und Untersuchungsplan

In der Explorationsphase der Untersuchung wurden einige dokumentierte Vorgespräche und sieben Experteninterviews durchgeführt. In den Vorgesprächen wurde mit vier Meistern und einem Teamleiter gesprochen, die Mitglieder in Planungsteams sind. Bei den Interviews handelt es sich um standardisierte Leitfadeninterviews, von denen drei auf das Management, drei auf die Meisterebene und eines auf die Ebene der direkt tätigen Mitarbeiter entfielen.

Zur Hypothesenprüfung wurden zwei Fragebogenerhebungen durchgeführt. Als Methode zur Messung des Führungsverhaltens der Meister und dessen Veränderung durch die Einführung der Gruppenarbeit wurde eine Untergebenenbeurteilung per Fragebogen gewählt, die durch eine Selbstbeurteilung der Meister ergänzt wurde. In einem Pre- und einem Posttest, die sieben Monate auseinanderlagen, wurde die Veränderung im Führungsverhalten zwischen Einzelarbeits- und Gruppenarbeitssituation ermittelt. Die Einführung der Gruppenarbeit erfolgte kurze Zeit nach Durchführung des Pretests.

Die in Pre- und Posttest befragten Personen können einander zugeordnet werden, so daß abhängige Stichproben existieren.

Entsprechend handelt es sich beim vorliegenden Untersuchungsdesign um eine quasi-experimentelle Felduntersuchung mit Meßwiederholung. Abhängige Hauptvariable ist das Führungsverhalten der Meisterebene, die Treatmentfunktion besteht in der Einführung der Gruppenarbeit. Auf die bei entsprechenden Untersuchungsplänen mitzuerhebende Kontrollgruppe (Bortz, 1984, S. 407) mußte aus organisatorischen Gründen verzichtet werden. Den zeitlichen Verlauf der Untersuchung zeigt der Untersuchungsplan in der folgenden Abbildung 4.

Untersuchte Ebene ↓	Zeit in Monaten →	1	2	3	4	5	6	7	8	9	10	11	12
Management		1 Interv.	1 Interv.	2 Interv.									
Meister/Planungsteams		4 Interv.			1 Interv.								
Produktionsbereich 1	Dir. MA					21 Bögen							18 Bögen
	Meister				1 Interv.	3 Bögen							3 Bögen
Produktionsbereich 2	Dir. MA				1 Interv.	29 Bögen							21 Bögen
	Meister				1 Interv.	3 Bögen							3 Bögen
			Vorgespräche	Experteninterv.	→	1.Fragebogen							2.Fragebogen

Einzelarbeit
Gruppenarbeit

Abb. 4: Untersuchungsplan

4.2 Exploration

Die Funktion der in der Explorationsphase durchgeführten Vorgespräche und Interviews besteht in der Anbindung der theoretischen Überlegungen (vor allem der theoriegeleiteten Hypothesen) an die betriebliche Realität. Die Vorgespräche dienten der ersten Orientierung im Forschungsthema und markierten wichtige Wegweiser für dessen theoretische Erschließung (siehe auch Kap. 1.1).

Im zweiten Schritt der Explorationsphase wurden dann die Experteninterviews durchgeführt, um die bereits bis zur inhaltlichen Formulierung der Hypothesen fortgeschrittene Untersuchung des Forschungsthemas erneut an die betriebliche Realität anzubinden und eine erste, augenscheinliche Validierung der Hypothesen vorzunehmen (die Datengrundlage für die inferenzstatistische Absicherung der Hypothesen wurde erst in der schriftlichen Befragung erhoben, die Interviews dienten also nicht zur Überprüfung der Hypothesen).

Die Interviews eröffneten die Möglichkeit, eine weitere Annäherung an den Untersuchungsgegenstand im Betrieb über die von den Interviewpartnern angebotenen sprachlichen Strukturierungen des Forschungsgegenstandes vorzunehmen (vgl.

Blumer, 1979). Es wurden hierbei Interpretationen des Forschungsgegenstandes durch die Probanden erfaßt. Erst die Erschließung dieser "individuellen Sinngebungsleistung" (Witzel, 1982, S. 12) ermöglicht nach Ansicht der Vertreter qualitativ-interpretativer Forschungsparadigmata den Zugang zur sozialen Realität.

Einen weiteren Aspekt der Explorationsphase stellt die in ihr vorgenommene Kontaktaufnahme zu den Untersuchungsbereichen und dem betrieblichen Umfeld dar (s. a. Exkurs der Arbeit).

4.2.1 Vorgespräche

Die Vorgespräche spielten im Zusammenhang der Entwicklung der Forschungsfragestellung eine zentrale Rolle (siehe Kap. 1.1.1). Sie dienten der Vorstrukturierung des Untersuchungsfeldes und wurden parallel zur Literaturrecherche zu Beginn der Untersuchung geführt.

Forschungsmethodisch sind die Gespräche nur unzureichend strukturiert, weshalb sie hier eher als zusätzliche Informationsquelle für die Interpretation der in den schriftlichen Befragungen gewonnenen Daten erwähnt werden. Es wurde ein Gespräch mit einem Teamleiter und vier Gespräche mit Meistern geführt, die bereits über Erfahrungen mit der Einführung von Gruppenarbeit in ihren Bereichen verfügten und Leiter oder Teilnehmer von Planungsteams in Gruppenarbeitsprojekten waren, die der untersuchten Einführung von Gruppenarbeit ein Jahr vorausgingen.

Die Dauer der Gespräche betrug jeweils ca. 15 Minuten, es wurden als Themen die Position der Befragten, soziale Probleme bei der Einführung von Gruppenarbeit, Vertrauen in die Mitarbeiter bei der Einführung der Gruppenarbeit und der Zeitrahmen der Einführungsphase thematisiert.

Von den Gesprächen wurden Protokolle angefertigt, die nach dem jeweiligen Gespräch aus dem Gedächtnis vervollständigt wurden. Die Auswertung der Gespräche erfolgte in einer einfachen Zusammenfassung der Antworten unter Hinzunahme von einzelnen Zitaten.

4.2.2 Experteninterviews

Die qualitative Sozialforschung diskutiert und behandelt viele Varianten mündlicher Befragungen (Bortz, 1984, Hopf & Weingarten, 1979). Die meisten Autoren unterscheiden Interviewformen hinsichtlich des Grades der Strukturierung, eine ausführliche Darstellung unterschiedlicher Interviewformen findet sich bei Hopf & Weingarten (1979).

Wie bereits erwähnt, haben die Interviews in der vorliegenden Untersuchung den Zweck, die aus der Theorie abgeleiteten Hypothesen an die betriebliche Realität anzubinden. Außerdem gehen sie ebenso wie die Vorgespräche als zusätzliche Informationen in die Interpretation der Daten der Fragebogenerhebung ein. Über den beabsichtigten Themenschwerpunkt der Interviews bestand zum Zeitpunkt der Interviewführung durch die bereits erfolgte Hypothesenformulierung eine hinreichende Orientierung, die die Einengung des Themenbereiches vorab durch Leitfaden zuließ.

Die Entscheidung für die Form der zu führenden Interviews konnte daher auf die standardisierte Befragung fallen. Durch den für diese Befragungsform kennzeichnenden Interviewleitfaden, der in Abfolge und Formulierung der Fragen dem Interviewer eindeutig vorgegeben ist und präzise Fragen enthält, die vom Befragten möglichst kurz zu beantworten sind (vgl. Bortz, 1984, S.166), ist die thematische Fokussierung im Sinne Merton & Kendalls (1979, S. 178) gewährleistet und auch für die Befragungssituation garantiert. Bortz schlägt diese Interviewform für klar umgrenzte Themenbereiche vor, über die ein detailliertes Vorwissen vorhanden ist (1984, S. 165).

4.2.2.1 Leitfaden

Zunächst wurde ein Interviewleitfaden konstruiert, der die Themenschwerpunkte der Hypothesen abdeckt. Es wurden jeweils die Bereiche des erfolgreichen Führungsverhaltens in Gruppenarbeit und der Anpassungen des Führungsverhaltens an das situative Umfeld der Gruppenarbeit mittels unterschiedlicher Paraphrasierungen erfragt.

---

1. Fragen zur persönlichen Arbeitssituation

- Erfragung der Position und Aufgaben
- Was halten Sie von Gruppenarbeit?
- Welche neuen Aufgaben kommen mit der Gruppenarbeit auf Sie zu?

2. Fragen zum erfolgreichen Führungsverhalten in Gruppenarbeit

- Welche Erwartungen haben Sie an eine Führungskraft, die in der Gruppenarbeit erfolgreich sein will?
- Welches Verhalten des Meisters fördert die Arbeit in der Gruppe, welches hemmt sie?
- Gibt es für Sie Besonderheiten in der Führung von Gruppen gegenüber der Führung in der Einzelfertigung? Wenn ja, was macht das Besondere der Führung in der Gruppenarbeit aus?
- Was sind Ihrer Meinung nach die Ziele des Managements bei den Meisterschulungen?
- Was sollten die Ziele des Managements bei der Meisterschulung zur Gruppenarbeit sein?

3. Fragen zu Verhaltensänderung der Meister

- Was könnte Ihrer Meinung nach Führungsverhaltensänderungen der Meister unterstützen?
- Welche Probleme sehen Sie bei der Einführung der Gruppenarbeit auf die Meister zukommen?
- Werden die Meister ihr Führungsverhalten mit der Gruppenarbeit ändern?

Abb. 5: Interviewleitfaden

Zu Beginn des Leitfadens ist als Gesprächseröffnung und zum Einstieg in das Thema eine allgemein gehaltene, offene Frage formuliert worden. Der Hauptteil der Interviews konzentrierte sich auf die Beschreibungen des Führungsverhaltens, wie es in der Gruppenarbeit als erfolgreich erachtet wurde.

Der zweite Themenschwerpunkt im Hauptteil der Interviews stellte Fragen nach der Veränderung von Führungsverhalten von Meistern durch die Gruppenarbeit, den Problemen bei der Anpassung des Führungsverhaltens und nach der Anpassung des Führungsverhaltens allgemein. Der Leitfaden zu den Experteninterviews gestaltet sich wie in Abb. 5 dargestellt.

4.2.2.2 Auswahl der Experten und Interviewführung

Die befragten Experten wurden so ausgewählt, daß möglichst aus vielen Hierarchieebenen Personen, die an der Planung oder an der Umsetzung der Gruppenarbeit beteiligt sind, zu Wort kommen. Der Status des Experten läßt sich damit begründen, daß die Personen innerhalb des Konzeptes der Gruppenarbeit Verantwortung tragen und außerdem privilegierten Zugang zu Informationen haben (vgl. Meuser & Nagel, 1991). Die Kontaktaufnahme zu den Interviewpartnern geschah in allen Fällen telefonisch. Bei den Befragten handelt es sich um

- drei Mitglieder des Steuerkreises (Gruppenarbeit planende Projektgruppe des Managements im Betrieb),

- drei von der Gruppenarbeitseinführung betroffene Meister,

- ein von der Gruppenarbeitseinführung betroffener direkter Mitarbeiter.

Die Interviews wurden nach telefonischer Verabredung an den jeweiligen Arbeitsplätzen der Interviewten durchgeführt und auf Tonband aufgezeichnet. Die Gespräche dauerten zwischen 20 bis 90 Minuten. Im Gesprächseinstieg wurde vorab für die Bereitschaft des Interviewpartners gedankt, am Interview teilzunehmen. Der Zweck der Tonbandaufnahme wurde erklärt und gleichzeitig Anonymität der Datenerhebung zugesichert.

4.2.2.3 Auswertung der Interviews

Die Interviews wurden nach der Methode der quantitativen Inhaltsanalyse (Lisch & Kriz, 1978) ausgewertet. Diese Analyseform verbaler Daten verfolgt das Ziel, durch Auszählungen einzelner Textelemente die spezifische Qualität eines Textes zu bestimmen. Die Inhaltsanalyse basiert auf der Annahme, daß sich die Intensität der zu messenden Variable in der Häufigkeit des Auftretens entsprechender für die Variablen typischer Textelemente niederschlägt. Dies ist jedoch von Kritikern der Methode bezweifelt worden, weil beispielsweise sprachliche Wendungen in ihrer Bedeutsamkeit ungerechtfertigterweise überbewertet werden können. Allgemein läßt sich zum Verfahren der quantitativen Inhaltsanalyse anmerken, daß die mit ihr gewonnenen Aussagen hypothetischen Charakter haben (Bortz, 1984, S. 235).

Die Aussagekraft dieses Auswertungsverfahrens hängt laut Bortz erheblich von der Eindeutigkeit der Kategorien ab, die festlegen, welche Textelemente auszuzählen sind. Für die Erstellung eines solchen Kategorienschemas ist die Analyse des durch die Fragestellung abgedeckten Themenbereiches grundlegend (Bortz, a.a.O).

Die Auswertungsmethode bietet sich wegen des eindeutig abgrenzbaren Themengebietes an, welches ebenso die Wahl der Form des strukturierten Interviews nahelegte. Entsprechend bezieht sich das Kategorienschema auf die in den Hypothesen und dem Leitfaden dargestellten Themenbereiche. Das Zerlegen des Materials nach definierten Ordnungskriterien erlaubt einen Vergleich mit vorher festgelegten, der Theorie entnommenen Aspekten. Es wurde folgender Weise verfahren:

Das Interviewmaterial wurde nach vorher festgelegten Kategorien strukturiert. Die relevanten Textbestandteile wurden durch das Kategoriensystem erfaßt und systematisch aus dem Material extrahiert. Die Extraktion der Textelemente erfolgte direkt aus den Tonbandaufzeichnungen, die Interviews wurden nicht transkribiert. Die Textelemente, in dem vorliegenden Fall direkte Nennungen zu den Kategorien, wurden aufgelistet und die Häufigkeiten der Nennungen ausgezählt. Schließlich wurden die Auszählungen über alle Interviews zusammengefaßt. Es wurden drei Kategorien gebildet, von denen die erste die Inhalte der unter Kapitel 2.3 formulierten Hypothese 1 und die letzten beiden Kategorien die der Hypothese 2 abdeckt. Es resultiert das in Abbildung 6 dargestellte Kategorienschema der Auswertung.

	Nennungen	Häufigkeiten
1. Position der Befragten		
2. Erfolgreiche Führung in Gruppenarbeit Verhaltensweisen/Kompetenzen von Meistern in Gruppenarbeit		
3. Veränderungen im Meisterverhalten durch die Gruppenarbeit Probleme bei der Veränderung von Meisterverhalten Anpassung des Verhaltens an die Gruppenarbeit		

Abb. 6: Kategorienschema der Interviewauswertung

4.3 Erfassung des Führungverhaltens in seiner Veränderung

Dieses Unterkapitel stellt die Methodik und das Vorgehen bei der Messung des Führungsverhaltens in den Arbeitssituationen Einzelarbeit und Gruppenarbeit und der hierauf zurückgreifenden Erfassung der Veränderung des Führungsverhaltens durch die Einführung der Gruppenarbeit dar.

Eingangs (Kap. 4.3.1) werden unterschiedliche Methoden zur Messung von Führungsverhalten vorgestellt. Die Entscheidung für die Fragebogenmessung aus zwei Perspektiven wird begründet (Kap. 4.3.2). Als Untersuchungsinstrument der Verhaltensmessung wird das PM-Instrument von Misumi eingesetzt, es wird in Skalen, Güte und den vorgenommenen Modifikationen dargestellt (Kap. 4.3.3). Die Vorteile des Instrumentes gegenüber anderen Verfahren und Fragebögen werden diskutiert.

Im letzten Abschnitt (Kap. 4.3.4) wird die Stichprobe und die Datenerhebung beschrieben. Die Bildung der Untersuchungsgruppen und die Wahl des Vorgehens bei den Erhebungen werden geschildert, dabei werden die Rückläufe und die Zuordnungen der Fragebögen aus den beiden Erhebungen referiert.

4.3.1 Methoden zur Messung von Führungsverhalten

Zur Beschreibung von Führungsverhalten lassen sich Beobachtungs- und Befragungsmethoden einsetzen, die entweder durch die betreffenden Führungspersonen selbst oder durch andere Personen, z. B. Mitarbeiter, Vorgesetzte, Kollegen oder Experten angewandt werden.

In dieser Unterscheidung von Neuberger (1976, s. a. Staehle, 1991) werden unter Beobachtungsmethoden Selbstbeobachtungen der Führungskraft (z. B. die Tagebuchmethode) und Fremdbeobachtung in verschiedenen zeitlichen Anordnungen (fortlaufend, in zeitlichen Abständen oder nur in besonderen Situationen) subsumiert.

Die Befragungsmethoden beinhalten entsprechend Selbsteinschätzungen in Form von strukturierten Fragebögen (z. B. dem LBDQ-self) und Interviews (z. B. die Methode der kritischen Ereignisse) neben Fremdeinschätzungsverfahren durch Fragebögen (z. B. LBDQ oder PM) und Interviews.

Bei der Führungsverhaltenserhebung durch Selbstbeobachtung in Form der Tagebuchmethode wird die Führungsperson gebeten, über einen längeren Zeitraum nach einem vorgegebenen Kategoriensystem seinen Arbeitsalltag aufzuzeichnen. Diese Methode hat den Vorteil großer Ökonomie und der lückenlosen Anwesenheit des Beobachters, birgt jedoch eine Reihe von Fehlerquelllen, die in der möglicherweise bewußten Selektion des Notierten und eines unkontrollierten Einflusses des Zeitpunktes der Niederschrift liegt, was zu wenig reliablen Einschätzungen führt (Neuberger, 1976).

Die kontinuierliche Fremdbeobachtung des Führungsverhaltens dagegen ist eine weitaus reliablere Meßmethode, wobei sich hier jedoch einerseits das Problem der Einwilligung des Beobachteten, andererseits das der geringen Ökonomie und des hohen Aufwandes ergibt bzw. ergeben kann.

Befragungen zum Führungsverhalten können auf unterschiedlich systematisierte Weisen erfolgen. Einerseits bieten sich zu Befragungen in Selbst- und Fremdeinschätzungen standardisierte Fragebögen, andererseits Interviews an. Als ein Beispiel für eine systematische Interviewform zur Erfassung von Führungsverhalten wird hier die Methode der kritischen Ereignisse erwähnt. Diese von Flanagan (1954) entwickelte Methode basiert auf der Annahme, daß Führungsverhalten nicht in alltäglichen Routinehandlungen erfaßt werden kann. Vielmehr wird davon ausgegangen, daß das Verhalten der Führungsperson in kritischen Situationen für die Feststellung des Führungsstils entscheidend ist. In Befragungen sollen Führungspersonen konkrete Situationen beschreiben, in denen Erfolg oder Mißerfolg durch spezifische Vorgesetzten-Verhaltensweisen bedingt war. Die Methode der kritischen Ereignisse ist wegen der Durchführung und Auswertung einer größeren Anzahl von Interviews eine relativ aufwendige Verfahrensweise, die im Vorfeld der Entwicklung von Fragebögen Verwendung findet (Neuberger, 1976).

Die schriftliche Befragung durch standardisierte Fragebögen stellt die am häufigsten angewandte Methode der Führungsverhaltensmessung dar. Auch hier können Fragebogenmessungen in Selbst- und Fremdbeurteilungen unterschieden werden. Für die Selbstbeurteilung durch Beschreibung muß bezüglich der Güte der Methode festgestellt werden, daß Ist- und Sollbeschreibung des Führungsverhaltens häufig konfundiert sind (vgl. Misumi, 1990). Dadurch kommt es in dieser Methode zu einer Verfälschung der Messung in positiver Richtung. Als ein Instrument dieser Methode kann hier der LBDQ-self (Leader Behavior Description Questionnaire-Selbstversion) von Stogdill (1979) erwähnt werden.

Die Fragebogenbeurteilung aus der Fremdperspektive ist hinsichtlich der Kriterien der Testgüte, ökonomischer Gesichtspunkte und der Praktikabilität des Verfahrens die probateste Methode der Erfassung von Führungsverhalten (Nachreiner, 1978). Für diese Methode liegt eine Fülle von Instrumenten vor, von denen an dieser Stelle lediglich der LBDQ (Leader Behavior Description Questionnaire) von Stogdill (1979) und der deutschsprachige FFVB (Fragebogen zur Vorgesetzten-Verhaltens-Beschreibung) von Fittkau & Fittkau-Garthe (1971, in Neuberger, 1990) erwähnt werden sollen.

Die Führungsliteratur wird zu einem erheblichen Teil von Meßproblemen dominiert (vgl. Staehle, 1991, S. 304). Die Kritik an der Messung und Objektivierung von Führungsverhalten geht dahin, daß die bei der Messung postulierte Unabhängigkeit der gefundenen Führungsdimensionen nicht gegeben sei (Misumi, 1990) und daß die beschriebenen Führungsdimensionen zu grob seien, um der Situationsspezifität des Führungsverhaltens, die auf andere Weise empirisch zu ermitteln ist (Wilpert, 1977), gerecht zu werden. Die Kritik an der Meßbarkeit von Führungsverhalten reicht bis hin zu der Annahme, der Begriff der Führung lebe lediglich von Zuschreibungen (Calder, 1977 in Neuberger, 1990, S. 204).

Weitere methodische Probleme bei der Feststellung von Führungsverhalten sieht Neuberger in der Anordnung von Untersuchungsplänen und der mangelnden Beachtung von Umfeldfaktoren bei der Messung von Führungsverhalten. In diesem Zusammenhang wird beklagt, daß selten Verlaufsanalysen bei der Untersuchung von Führungsverhalten durchgeführt werden, sondern meist Querschnittuntersuchungen, die sich mit Häufigkeitsauszählungen begnügen und die Variabilität des Verhaltens außer acht lassen. Außerdem wird das untersuchte Verhalten und dessen Bedingungen isolierend der Führungskraft zugerechnet, wobei die Auslösung oder Verursachung des Verhaltens durch die Situation außer acht gelassen wird (vgl. Neuberger, 1990, S. 107).

4.3.2 Methodenauswahl

Die Wahl des empirischen Vorgehens in der vorliegenden Untersuchung orientiert sich an der Notwendigkeit der Erfassung der Veränderung des Führungsverhaltens auf der Meisterebene. Es werden deshalb, wie in Kapitel 4. 1 dargestellt, zwei Meßzeitpunkte gewählt. Durch die Anlage der Untersuchung als Verlaufsstudie mit einer Meßwiederholung wird versucht, die mit einer Querschnittsmessung verbundene Problematik zu umgehen. Es wird eine wiederholte Messung an denselben Personen vorgenommen, hierbei fungiert die Untersuchungseinheit als Kontrollbedingung. Ein Vorteil dieses Designs stellt die Möglichkeit der Registrierung von Reifungsprozessen dar, die durch ein zwischen den Erhebungen wirkendes Treatment, im vorliegenden Falle die Arbeitssituation Gruppenarbeit, beeinflußt werden. Der Grund für die geringe Rolle, die Untersuchungen mit Meßwiederholungen in der Organisationspsychologie in den letzten Jahrzehnten spielten, liegt hauptsächlich in der mangelnden Ökonomie des Verfahrens (vgl. Moser, 1993, S. 85).

Die Messung des Führungsverhaltens soll im vorliegenden Fall durch eine Kombination aus Fremd- und Selbstbeurteilung der Führungspersonen mittels Fragebogen erfolgen, wobei die Fremdbeurteilung als wichtigere Informationsquelle bewertet wird und die Selbsteinschätzung der Meister eher als zusätzliche, von der Fremdbeurteilung getrennt zu behandelnde Einheit angesehen wird. Die Fremdbeurteilung wird von Untergebenen vorgenommen.

Die Beurteilung von Führungsverhalten durch Untergebene beinhaltet im praktischen Forschungszusammenhang die Problematik möglicher Rückführbarkeit von Beurteilungen auf einzelne Personen. Für Küntscher, der in einer der vorliegenden ähnlichen Untersuchungsanordnung Meisterbeurteilung durch Untergebene für wünschenswert hielt, war dieses Vorgehen aufgrund einer möglichen Zuordbarkeit der Ergebnisse "psychologisch und moralisch nicht vertretbar" (1984, S. 155). Auch in der vorliegenden Untersuchung stellte sich dieses Problem (s. a. Exkurs), es wurde jedoch durch die gemittelte Beurteilung aller Meister je Bereich zu umgehen versucht.

Die prinzipielle Objektivierbarkeit und Meßbarkeit von Führungsverhalten wird in der Untersuchung unterstellt. In der Konzeptualisierung von Führungsverhalten als abhängiger Variable, die mit der Führungssituation in Zusammenhang steht, ist außerdem eine prinzipielle, möglicherweise gegenseitige Beeinflussung von Führungsverhalten und äußeren Bedingungen mitgedacht. Aus systemtheoretischer Sicht bleiben bei der Konstruktion der Untersuchung eine Anzahl situationsrelevanter Einflußfaktoren unberücksichtigt. Aus der Fülle von Faktoren und Größen, die das manifeste Führungsverhalten entstehen lassen, ist in der Festlegung des Untersuchungsschwerpunktes eine Auswahl getroffen worden. Eine analysierende Betrachtung der Führer-Geführten-Dyaden, wie sie Neuberger (1977a) fordert, oder die genaue Analyse der Umfeldvariablen wie der Arbeitsplatzunsicherheit, der Gestaltung der Arbeitsplätze oder der Beziehung der Führungspersonen zu ihren Vorgesetzten bleiben ausgeklammert. Der Focus der Untersuchung richtet sich auf die Veränderung des manifesten Führungsverhaltens über den Zeitraum der Einführung von Gruppenarbeit. Dabei wird versucht, Störvariablen so weit wie möglich auszuschalten, dennoch muß in der vorliegenden Untersuchung wie in allen Felddesigns zugunsten externer Validität auf das Ausschalten sämtlicher möglicher Störvariablen verzichtet werden (vgl. Bortz, 1984, S. 402).

4.3.3 Das PM-Instrument von Misumi

Als Untersuchungsinstrument wurde das PM-Instrument von Misumi ausgewählt. Es handelt sich dabei um einen standardisierten Fragebogen, der für die Beurteilung des Führungsverhaltens aus der Untergebenenperspektive konzipiert wurde. Das Instrument wurde in der durch Wilpert veranlaßten deutschen Übersetzung (Chrapary, 1984) verwendet. Die folgenden Angaben zum Instrument beziehen sich auf die Darstellung von Misumi (1990) und die Validierung von Chrapary (1984).

Die Gründe für die Instrumentauswahl sind mit den Auswahlkriterien für die PM-Theorie von Misumi (siehe Kap. 2.2.2) identisch: Präzise Operationalisierungen, ausführliche Validierung, emotionale Neutralität und Gruppenorientierung der Messung bilden die Hauptaspekte. Weitere Vorteile des PM-Instrumentes sind, daß es auch auf einem niedrigen Niveau der Sprachbeherrschung angewendet werden kann, also allgemeinverständlich ist, daß es hinsichtlich der Dauer der Erhebung nicht sehr aufwendig ist und daß es nicht firmenspezifisch ist (Misumi, 1990), wobei Chrapary erwähnt, daß es "eher auf industrielle Organisationen zugeschnitten" sei (1984, S. 75).

4.3.3.1 Skalen des Instrumentes

Bei den Skalen des Instrumentes handelt es sich um Sätze faktorenanalytisch gewonnener Items, die situativ durch spezifische Items ergänzt werden können. Alle Items weisen eine gleichsinnige Polung der Antwortformate auf, die positive Orientierung in der Antwortskala entspricht jeweils der höheren Ausprägung der Skalen. Die Items sind nach Skalenzugehörigkeit gruppiert, wobei in der Originalfassung z. T. mehrere Skalen unter allgemeinen Überschriften zusammengefaßt werden. Die je 10 P- und M-Items wurden bei der Konstruktion des Instrumentes so ausgewählt, daß jedes der Items einen möglichst breiten Bereich des Führungsverhaltens abdeckt und daß jedes der Items eine hohe Ladung auf dem entsprechenden Faktor erreichte. Der Fragebogen besteht neben den beiden Führungsverhaltensskalen "Performance" und "Maintenance" aus acht weiteren "Klima"-Skalen. Diese bilden bei Chrapary (1984) und in der vorliegenden Untersuchung (s. a. Kap. 2.3) Operationalisierungen für Führungserfolg. Die Antwortskalen sind sämtlich in fünfstufigem Likert-Format angelegt.

4. Untersuchungsmethoden und Vorgehen

Das PM-Instrument enthält die nachfolgend dargestellten Skalen und Items:

Zufriedenheit mit der Arbeit

1. Sind Sie an Ihrer gegenwärtigen Arbeit interessiert?
2. Meinen Sie, daß sich Ihre gegenwärtige Arbeit lohnt?
3. Wie sehr beherrschen Sie Ihre gegenwärtige Arbeit?
4. Sind Sie stolz auf Ihre Arbeit?
5. Möchten Sie sich für Ihre Arbeit bessere Kenntnisse und Fähigkeiten aneignen?

Zufriedenheit mit der Bezahlung

6. Was halten Sie von dem System der monatlichen Gehaltszulagen?
7. Angesichts Ihrer Arbeit und der damit verbundenen Belastungen - sind Sie mit Ihrem Gehalt zufrieden?
8. Was halten Sie von den in Ihrer Firma üblichen (halb)jährlichen Sondervergünstigungen und Gratifikationen?
9. Meinen Sie, daß die bisherigen Beförderungen auf einer gerechten und fairen Grundlage vorgenommen wurden?
10. Was halten Sie insgesamt von den sozialen Einrichtungen in Ihrer Firma?

Zufriedenheit mit der Firma

11. Sind Sie froh, gerade in diese Firma eingetreten zu sein?
12. Meinen Sie, daß Ihre Firma wirklich für das Wohlergehen ihrer Beschäftigten sorgt?
13. Meinen Sie, daß die Firma ernsthaft daran interessiert ist, die Arbeitsbedingungen (Einrichtungen, Entlohnung etc.) zu verbessern?
14. Was halten Ihre Familienangehörigen davon, daß Sie gerade in dieser Firma arbeiten?
15. Im Vergleich zu anderen Firmen: Was halten Sie insgesamt von Ihrer Firma?

Geistig-seelische Gesundheit

16. Fühlen Sie sich gewöhnlich unter ungerechtfertigtem Druck von seiten Ihres Vorgesetzten?
17. Meinen Sie, daß Ihr Verantwortungsbereich klar umrissen ist?
18. Fühlen Sie sich unwohl, wenn Sie daran denken , was die Zukunft für Sie so bringen könnte?
19. Möchten Sie gelegentlich Ihre Firma verlassen (kündigen)?
20. Arbeiten Sie gelegentlich mit dem Gefühl einer seelischen Unruhe?

Performance

21. Informiert Sie Ihr Vorgesetzter über Planungen und Inhalte Ihrer täglichen Arbeit?

22. In welchem Umfang gibt Ihr Vorgesetzter Ihnen Anweisungen für Ihre Arbeit?

23. Wenn Ihr Vorgesetzter Ihnen eine Aufgabe zuweist, sagt er Ihnen dann klar, wie er sie erledigt haben möchte?

24. Versteht Ihr Vorgesetzter etwas von den Maschinen oder den Arbeitsmitteln, für die Sie verantwortlich sind?

25. Verlangt Ihr Vorgesetzter von Ihnen Berichte (offizielle Informationen) über den Fortgang der Arbeit?

26. Wie genau stellt Ihr Vorgesetzter die monatlichen Leistungsziele heraus?

27. Wie sehr drängt Ihr Vorgesetzter darauf, daß Sie Arbeiten zur festgesetzten Zeit erledigen?

28. Ist Ihr Vorgesetzter kleinlich, wenn es darum geht, Vorschriften oder Regeln einzuhalten?

29. Vergeuden Sie gelegentlich Ihre Arbeitszeit, weil Ihr Vorgesetzter schlecht geplant und organisiert hat?

30. Versucht Ihr Vorgesetzter Sie dazu zu bewegen Ihre Leistungsmöglichkeiten voll auszuschöpfen?

Maintenance

31. Wenn Sie von Ihrem Vorgesetzten verlangen, die Voraussetzungen für Ihre Arbeit (Material, Werkzeuge usw.) zu verbessern, bemüht er sich dann, dies zu tun?

32. Versucht Ihr Vorgesetzter, die Ansichten seiner Mitarbeiter zu verstehen?

33. Fragt Ihr Vorgesetzter nach Ihrer Meinung, wenn an Ihrem Arbeitsplatz ein Problem auftritt?

34. Behandelt Ihr Vorgesetzter Sie und Ihre Kollegen fair bzw. gerecht?

35. Können Sie mit Ihrem Vorgesetzten formlos ("inoffiziell") über Ihre Arbeit reden?

36. Kümmert sich Ihr Vorgesetzter um Ihre persönlichen Probleme?

37. Meinen Sie, daß Ihr Vorgesetzter Vertrauen in Sie hat?

38. Kümmert sich Ihr Vorgesetzter um Ihre Zukunft (Beförderungen, Gehaltserhöhungen)?

39. Wenn Sie ihre Arbeit gut machen, erkennt Ihr Vorgesetzter es dann an?

40. Unterstützt Ihr Vorgesetzter Sie im allgemeinen?

Meinung zur Teamarbeit

41. Meinen Sie, daß Sie und Ihre Kollegen eine gute "Teamarbeit" machen?

42. Kommen Sie mit Ihren Arbeitskollegen gut aus?

43. Möchten Sie in Ihrer jetzigen Arbeitsgruppe bleiben?

44. Ermutigen Ihre Arbeitskollegen einander, ihr Bestes bei der Arbeit zu geben?

45. Werden Sie von Ihren Kollegen unterstützt, wenn Sie bei der Arbeit Hilfe benötigen?

4. Untersuchungsmethoden und Vorgehen

Qualität der Gruppenbesprechungen

46. Meinen Sie, daß diese Gruppenbesprechungen sinnvoll und nützlich sind?

47. Wie zufrieden sind Sie persönlich mit diesen Besprechungen?

48. Meinen Sie, daß diese Besprechungen alles in allem erfolgreich geführt werden?

49. Ist die Atmosphäre in diesen Besprechungen so, daß Sie frei und ungehindert diskutieren können?

50. Legt Ihr Vorgesetzter bei diesen Besprechungen großen Wert auf Ihre Vorschläge und Meinungen?

Kommunikation und Informationspolitik

51. Hält Ihre Firma Sie über allgemeine Pläne und die Lage der Firma auf dem laufenden?

52. Hält Ihr Vorgesetzter engen Kontakt zu anderen Abteilungen?

53. Unterläßt die Geschäftsleitung es gelegentlich, Sie von Dingen zu unterrichten, über die Sie informiert werden müßten?

54. Meinen Sie, daß die Kommunikation zwischen Ihrem Vorgesetzten und seinem eigenen Vorgesetzten gut funktioniert?

55. Haben Sie gelegentlich das Gefühl, daß Ihre Vorschläge irgendwo stecken bleiben, ohne je die oberen Führungsebenen zu erreichen?

Leistungsnormen in der Arbeitsgruppe

56. Kommt es vor, daß Sie und Ihre Kollegen Angelegenheiten, die den Arbeitsplatz betreffen, freimütig diskutieren und kritisieren?

57. Besteht in Ihrer Arbeitsgruppe eine Atmosphäre, die Sie unter starken Druck setzt, hart und effizient zu arbeiten?

58. Wie unangenehm ist es Ihren Kollegen, von anderen Arbeitsgruppen in der Arbeitsleistung übertroffen zu werden?

59. Inwieweit hält die Mehrheit in Ihrer Arbeitsgruppe es für wichtig, die Arbeitsziele zu erreichen?

60. Inwieweit halten Sie persönlich es für wichtig, daß die Arbeitsziele erreicht werden?

4.3.3.2 Güte des Instrumentes

Für die Güte des PM-Instrumentes konnte Chrapary (1984) die nachfolgend aufgelisteten Werte feststellen, die in der vorliegenden Untersuchung z. T. erneut getestet werden.

Objektivität

"Ein Test ist objektiv, wenn verschiedene Testanwender bei denselben Personen zu den gleichen Resultaten gelangen" (Bortz, 1984, S. 135). Die Objektivität in Durchführung und Auswertung des PM-Instruments läßt sich schwer feststellen, die standardisierten Instruktionen des Fragebogens und die Skalierungen der Antworten jedoch stellen eine größtmögliche Gewährleistung dieses Kriteriums dar. Die Objektivität der Interpretation der mit dem Instrument erzielten Ergebnisse kann laut Chrapary (1984, S. 74) als zufriedenstellend bezeichnet werden.

Reliabilität

"Die Reliabilität eines Tests erfaßt den Grad der Genauigkeit der Messung eines Merkmals" (Bortz, 1984, S. 136). Die Skalen des PM-Instrumentes in der deutschen Version weisen eine Konsistenzreliabilität von $\alpha \geq .70$ auf, was als ausreichend bezeichnet werden kann. Ausgenommen ist davon allerdings die Skala "Zufriedenheit mit der Arbeit".

(Übereinstimmungs-) Validität

"Die Validität eines Tests gibt den Grad der Genauigkeit an, mit dem dieser Test dasjenige Persönlichkeitsmerkmal oder diejenige Verhaltensweise, das (die) er messen soll oder zu messen vorgibt, tatsächlich mißt" (Lienert, 1989, S. 16). Es existieren verschiedene Validitätstypen, von denen für das PM-Instrument lediglich die Übereinstimmungs-Validität überprüft worden ist. Sie bezieht sich auf die Korrelation zwischen den Ergebnissen des Tests und einem für sinnvoll gehaltenen Kriterium. Hinsichtlich der Übereinstimmungs-Validität ergaben sich für drei Skalen des Instruments befriedigende Resultate.

Dimensionalität

Die Eindimensionalität der beiden Führungsverhaltensskalen ist faktorenanalytisch geprüft und kann als ausreichend gesichert gelten. Die Items sind mittel bis hoch trennscharf.

Niveau der Skalen

In Anlehnung an Chrapary (1984) wird aufgrund der sorgfältigen Konstruktion des Instrumentes Intervallskalencharakter der Items angenommen, wie es nach Bortz (1984) für ein pragmatisches Vorgehen bei der Datenauswertung legitim ist.

4.3.3.3 Modifikationen und Selbstbeurteilungversion

Modifikationen an den Skalen der deutschen Version des Instruments und an deren Anordnung sind teilweise forschungsmethodisch begründet, teilweise sind sie jedoch unter der Berücksichtigung von praktischen Gesichtspunkten wie der Genehmigung des Fragebogens durch die Unternehmensleitung vorgenommen worden.

Forschungsmethodisch motiviert sind folgende Änderungen am oben dargestellten Originalinstrument:

- Die mittlere Kategorie der Likert-Ratingskala wurde von "so-so" entsprechend der von Rohrmann (1978) vorgeschlagenen Antwortkategorien in "teils-teils" umbenannt.

- Als mögliche Störvariable wurde die Einstellung des Befragten zur Gruppenarbeit mit folgendem Item miterhoben: "Für wie wichtig halten Sie Gruppenarbeit als ein Mittel zur Lösung betrieblicher Probleme?"

- Das Item "Was halten Ihre Familienangehörigen davon, daß Sie gerade in dieser Firma arbeiten?" aus der Firmenzufriedenheits-Skala der Originalversion erschien hinsichtlich seiner Antwortkategorien ("zufrieden, ziemlich zufrieden" etc.) unlogisch. Die Frage wurde in "Wie zufrieden sind ihre Familienangehörigen damit, daß Sie gerade in dieser Firma arbeiten?" geändert.

- Das Item "Möchten Sie gelegentlich ihre Firma verlassen/kündigen" aus der Skala "Geistig-seelische Gesundheit" wurde zur besseren Verständlichkeit in "Möchten Sie manchmal Ihre Firma verlassen/kündigen?" geändert.

- Bei dem Item "Versteht Ihr Vorgesetzter etwas von den Maschinen/Arbeitsmitteln, für die Sie verantwortlich sind?" aus der Performance-Skala wurde die fünfte Antwortkategorie von "fast gar nichts" in "fast nichts" geändert.

- Aufgrund der mangelnden Testgüte der Arbeitszufriedenheitsskala des Instrumentes wurde auf der ersten Seite des Fragebogens eine weitere Skala zur Messung der Arbeitszufriedenheit beigefügt. Es handelt sich dabei um die ABB-Skala zur Arbeitszufriedenheit von Neuberger (1977b) in einer von Frieling (mündliche Mitteilung, 1993) modifizierten Version. Hinsichtlich des Problems der Messung von Arbeitszufriedenheit allgemein wird an dieser Stelle auf die zusammenfassenden Arbeiten von Fischer (1991) und Neuberger (1985) verwiesen.

Die nachfolgend aufgelisteten Änderungen wurden aus praktischen Erwägungen vorgenommen, der Fragebogen wurde unter der Voraussetzung der Vornahme der Änderungen genehmigt.

- Bei den Items aus der Skala zur Zufriedenheit mit der Bezahlung wurde "Gehalt" durch "Einkommen" ersetzt.

- Änderungen in den Skalenüberschriften. Während Chrapary (1984) empfiehlt, eine skalenweise Bezeichnung vorzunehmen, wurden in der Modifizierung seitenweise Überschriften gewählt.

- Die Skala "Qualität der Gruppenbesprechungen" wurde vollständig ausgelassen, da im untersuchten Betrieb zum Zeitpunkt der ersten Erhebung noch nicht in Gruppen gearbeitet wurde, daher auch noch keine Gruppentreffen stattfanden.

- Das Item "Möchten Sie in Ihrer jetzigen Arbeitsgruppe bleiben?" wurde aus entsprechendem Grund in "Möchten Sie in Ihrem jetzigen Bereich bleiben?" geändert.

- Das Item "Was halten Sie von den in Ihrer Firma üblichen (halb)jährlichen Sondervergünstigen und Gratifikationen?" ist weggelassen worden, weil es im untersuchten Betrieb keine entsprechenden Vergünstigungen gibt.

- Die Skala der Zufriedenheit mit der Bezahlung wurde auf ein Item reduziert.

- Unter allgemeinen Angaben werden lediglich Alter, Dauer der Betriebszugehörigkeit und die Berufsausbildung erfragt.

Das Deckblatt des Fragebogens enthält Informationen zum Zweck der Befragung sowie Hinweise zur Abgabe und zur Anonymität der erhobenen Daten. Auf der ersten Seite ist neben Hinweisen zum Ausfüllen des Fragebogens eine Zeile zum Eintragen eines Erkennungswortes vorhanden, durch welches sich die Fragebögen der beiden Erhebungen aufeinander beziehen lassen. Als Erkennungswort wurde um die Eintragung des Vornamen des Großvaters väterlicherseits gebeten, der in den Personalakten des Betriebes nicht verzeichnet ist und daher die Anonymität nicht gefährdet.

Die Selbstbeurteilungsversion des Fragebogens wurde auf der Basis des modifizierten PM-Instruments konstruiert. Hierbei wurden die P- und M-Skalen dahingehend modifiziert, daß die Fragerichtung der Items nicht mehr den Vorgesetzten des Befragten betraf, sondern den Befragten als Vorgesetzten selbst. Beispielsweise wurde das Item "Ist Ihr Vorgesetzter kleinlich, wenn es darum geht, Vorschriften oder Regeln einzuhalten?" in "Sind Sie als Vorgesetzter kleinlich, wenn es darum geht, Vorschriften oder Regeln einzuhalten?" geändert. Die Klima-Skalen unterscheiden sich nicht von dem modifizierten Originalinstrument.

In der Untersuchung wurden schließlich vier Versionen des Instrumentes verwendet. Die Fragebögen für Pre- und Posttest unterschieden sich lediglich geringfügig in den Formulierungen der Deckblätter. Zwischen den Meister- und Mitarbeiterversionen des Fragebogens bestehen die oben beschriebenen Unterschiede. Muster der verwendeten Fragebögen befinden sich in den Anhängen 8 bis 10 der vorliegenden Arbeit.

4.3.4 Beschreibung von Datenerhebung und Stichprobe

Die Erhebungen wurden in den unter Kapitel 3.4 beschriebenen Produktionsbereichen durchgeführt. Die erste Fragebogenerhebung wurde im Fertigungsbereich 1 drei Wochen, im Fertigungsbereich 2 fünf Wochen vor der offiziellen Startveranstaltung für Gruppenarbeit vorgenommen, die Folgeerhebung in beiden Bereichen sieben Monate nach dieser Veranstaltung. Aus Pre- und Posttest konnten insgesamt 101 Fragebögen verwendet werden, von denen 60 als zur abhängigen Stichprobe gehörig bewertet werden können.

4.3.4.1 Vorgehen bei den Erhebungen, Untersuchungsgruppen

Die erste Erhebung wurde durch Aushänge in den Bereichen angekündigt und in einer Bereichsversammlung unter Anwesenheit verantwortlicher Mitarbeiter aus der Personalabteilung und des Betriebsrates durchgeführt. Fragebögen für die jeweils nicht anwesenden Mitarbeiter, z. B. der Nachtschichten, wurden zusätzlich ausgegeben. Die mündliche Instruktion zum Ausfüllen der Fragebögen dauerte fünf Minuten, die Fragebögen wurden entweder direkt vor Ort oder von den Mitarbeitern zuhause ausgefüllt. In den Meisterbüros wurden beschriftete Kartons für die ausgefüllten Fragebögen aufgestellt. Durchschnittlich betrug die Bearbeitungsdauer ca. 15-20 Minuten. Die zweite Erhebung wurde bereits bei den Informationsveranstaltungen der ersten Erhebung angekündigt und während der inzwischen installierten Arbeitsgruppentreffen durchgeführt. Ansonsten wurde wie bei der ersten Erhebung verfahren. Auf weitere Bedingungen bei der Datenerhebung im Betrieb wird im Exkurs der Arbeit eingegangen.

Es wurden pro Bereich zwei Untersuchungsgruppen gebildet, die jeweils an zwei Zeitpunkten untersucht wurden.

Meßzeitpunkt → Befragungsebene ↓	t_1 Einzelarbeit (Pretest)	t_2 Gruppenarbeit (Posttest)
Meister Bereich 1	PM - Selbsteinschätzung des Führungsverhaltens	PM - Selbsteinschätzung des Führungsverhaltens
Direkte Mitarbeiter Bereich1	PM - Fremdeinschätzung des Führungsverhaltens	PM - Fremdeinschätzung des Führungsverhaltens
Meister Bereich 2	PM - Selbsteinschätzung des Führungsverhaltens	PM - Selbsteinschätzung des Führungsverhaltens
Direkte Mitarbeiter Bereich2	PM - Fremdeinschätzung des Führungsverhaltens	PM - Fremdeinschätzung des Führungsverhaltens

Abb. 7: Untersuchungsgruppen

4.3.4.2 Rückläufe und Zuordnung der Fragebögen

Die Fragebögen aus den Pre- und Posttests wurden aufgrund des Erkennungswortes einander zugeordnet. Bei Namensgleichheiten in den Nennungen der Kennworte bzw. des Namens des Großvaters (der Name Robert wurde beispielsweise viermal genannt) wurde die Zuordnung über die allgemeinen Angaben wie Alter, Betriebszugehörigkeit und einen Vergleich der Schriften vorgenommen.

Nicht zugeordnet werden konnten aus beiden Erhebungen insgesamt 41 Fragebögen, die entweder nur bei t_1 oder nur bei t_2 ausgefüllt wurden.

Meßzeitpunkt → Bereiche ↓	Erhebung t_1 Verteilte Fragebögen	Erhebung t_1 Rücklauf / Summe in %	Erhebung t_2 Verteilte Fragebögen	Erhebung t_2 Rücklauf / Summe in %	Eindeutig zuordbare Fragebögen
Produktions- bereich 1 Meister Mitarbeiter	3 57	3 21	3 57	3 21	6 22
Produktions- bereich 2 Meister Mitarbeiter	3 57	3 29	3 57	3 18	6 26
Σ	120	56 / 47%	120	45 / 38%	60

Tab. 6: Fragebogenrückläufe der Erhebungen

4.3.4.3 Darstellung der Stichprobe

	Gesamte Stichprobe	Abhängige Stichprobe ohne Meister	Meister
Abgeschlossene Ausbildung (Angaben in %)	58	83	100
Keine Ausbildung (Angaben in %)	14	16	0
Dauer der Betriebszugehörigkeit (Mittelwert)	10 - 15 Jahre	10 - 15 Jahre	10 - 15 Jahre
Alter (Mittelwert)	30 - 39 Jahre	25 - 35 Jahre	40 - 50 Jahre

Tab. 7: Darstellung der Stichprobe (an 100 fehlende Prozent: keine Angaben)

4.4 Verfahren der Auswertung

Dieses Unterkapitel beschreibt die Verfahren der Auswertung der in den Fragebogenerhebungen gewonnenen Daten. Zunächst werden die wichtigsten Kriterien zur Bestimmung der Güte des Untersuchungsinstruments vorgestellt, auf die der Fragebogen geprüft wird. Eine Analyse des Fragebogens wird einerseits durch die hier untersuchten Stichproben, die sich von den Stichproben der Validierung des Originalinstruments von Chrapary (1984) unterscheiden, andererseits durch die am Originalinstrument vorgenommenen Modifikationen erforderlich. Der Fragebogen wird auf Item- und Variablenebene untersucht.

Die Datenauswertung der Fragebogenerhebungen erfolgt in Form von hypothesenprüfenden Signifikanztests.

4.4.1 Testgüte

Als globale Testgütekriterien werden für das Instrument zwei Reliabilitätsmaße erstellt. Es sind die Prüfung der internen Konsistenz mittels des α - Koeffizienten von Cronbach und der Split-Half-Reliabilität nach Spearman-Brown. Neben diesen Maßen für die Reliabilität eines Tests existieren noch die Paralleltest- und die Retest-Reliabilität, deren Ermittlung im vorliegenden Falle aus praktischen und untersuchungstechnischen Gründen entfällt. Objektivität und Validität des Instruments in der Fremdbeurteilungsversion werden entsprechend der Darstellungen unter Kap. 4.3.3.2 bewertet. Dasselbe gilt für die Anahme der Intervallskaliertheit der mit dem Instrument erhobenen Daten.

Als wichtigste Kennwerte werden für die Untersuchung der Testgüte auf Itemebene (vgl. Bortz, 1984, S. 148) die Trennschärfe und die Iteminterkorrelation geprüft. Als Korrelation der Beantwortung eines Items mit dem Gesamtergebnis ist die Trennschärfe eines Items r_{it} definiert. Hohe Trennschärfen sind grundsätzlich erstrebenswert. Die ermittelten Iteminterkorrelationen stellen ein Maß für die Homogenität $\bar{r}_{ii'}$ eines Tests dar. Items, die wegen auffällig geringer Iteminterkorrelation offensichtlich eine andere Dimension messen als die übrigen Items einer Skala, mindern die Aussagekraft eines Meßwertes, homogene Tests dagegen sind erstrebenswert (vgl. Bortz, 1984, S. 149).

Als Methode zur Bestimmung der Dimensionalität der Skalen sind zum einen die Bestimmung der Trennschärfe und zum anderen die Faktorenanalyse indiziert (Neuberger, 1974). Die Trennschärfe eines Items entspricht der Korrelation des Itemwertes mit dem um den Wert dieses Items verringerten Gesamtrestwert der Skala, der dieses Item angehört (Lienert, 1989). Es wird je Skala ein PCA-Faktor extrahiert.

Die Testgüte wird anhand der abhängigen Stichproben bestimmt. Die statistischen Prozeduren werden bei den Klimaskalen an 60 Fällen (t_1 und t_2) durchgeführt, bei den P- und M-Skalen an 48 Fällen (t_1 und t_2, ohne Meister).

Eine wünschenswerte Reliabilitäts-Analyse der modifizierten P- und M-Skalen der Fremdbeurteilungsversion des Instrumentes läßt sich nicht sinnvoll durchführen, da die

Anzahl vorliegender Fälle (n = 6) kleiner ist als die Anzahl der Items der beiden zentralen Skalen P und M, was laut Lienert (1989) als Kriterium für die Undurchführbarkeit von Testgüteuntersuchungen gilt.

4.4.2 Verfahren zur Prüfung der Hypothesen

Da es sich bei der vorliegenden Arbeit um eine theoriegeleitete Untersuchung handelt, werden nur die beiden theoretisch abgeleiteten Hypothesen geprüft. Bei der ersten Hypothese handelt es sich um eine komplexe Zusammenhangshypothese. Es wird vermutet, daß die Maintenance-Führungsfunktion und die Klimavariablen zusammenhängen (Hypothese 1a und Hypothese 1b). Da Maintenance über eine Skala operationalisiert ist, die Klimavariablen aber über mehrere Skalen, wird zur Überprüfung des angenommenen Zusammenhanges eine multiple Korrelation über Maintenance als Kriterium und die Klimavariablen als Prädiktoren berechnet. Zur Bestimmung der Varianzaufklärung wird ein multipler Korrelationskoeffizient R bzw. multipler Determinationskoeffizient R^2 für beide Meßzeitpunkte (t_1 und t_2), d. h. für die Einzel- und Gruppenarbeitssituation ermittelt und durch einen F-Test auf Signifikanz überprüft. Der durch die Einführung der Gruppenarbeit erwartete Zuwachs an Varianzaufklärung (Hypothese 1c) kann durch einen F-Test inferenzstatistisch abgesichert werden. Die Ermittlung der multiplen Korrelation stellt das für die Hypothese angemessene Auswertungsverfahren dar (vgl. Bortz, 1984, S. 500).

Zur Prüfung der zweiten Hypothese, bei der es sich um eine Unterschieds- bzw. Veränderungshypothese handelt, wird ein t-Test für abhängige Stichproben durchgeführt. Es wird die H_1 geprüft, daß sich die Mittelwerte der M-Skala in Pre- und Posttest unterscheiden. Dabei wird ein signifikant größerer Wert beim Posttest, d. h. in der Gruppenarbeitssituation, erwartet. Der t-Test für abhängige Stichproben wird von Bortz als statistisches Verfahren zur Prüfung von Veränderungshypothesen empfohlen (1984, S. 521). Für die Performance-Skala wird diese Veränderung nicht erwartet. Hier wird die H_0 getestet, daß sich zwischen Pre- und Posttest keine Veränderungen ergeben.

Bei der Hypothesenprüfung werden die mit der Selbstbeurteilungsversion gewonnen Daten nicht mit einbezogen (vgl. Kap. 4.3.3.3), sie werden ergänzend ausgewertet und in Skalenmittelwerten vorgestellt.

Exkurs: Bedingungen der empirischen Arbeit und Erfahrungen im Betrieb

Um die organisatorischen Schritte der Untersuchung für Leser nachvollziehbar zu machen, beschreibt der Exkurs einige wichtige Erfahrungen, die ich im Industrieunternehmen über den Zeitraum der Untersuchung sammeln konnte.

Bei der Durchführung von Untersuchungen in Industrieunternehmen stehen Wissenschaft und Praxis idealiter in einem "push and pull"-Verhältnis zueinander. Oft erschweren jedoch unterschiedliche Grundannahmen hinsichtlich des Zeithorizontes, sowie der Handlungs- und Problemlösungsorientiertheit von Industrieforschung (vgl. Wilpert, 1992, S. 57) die Kooperation von Unternehmen und Forscher. Meiner Erfahrung nach ist eine sorgfältige Planung der Untersuchungsdurchführung im Betrieb für eine gute Kooperation mit dem Unternehmen und das Gelingen eines (Diplomarbeits-) Forschungsvorhabens unerläßlich.

Abgleich der Forschungsinteressen mit dem Betrieb

Der Zeitrahmen der vorliegenden Untersuchung war für den untersuchten Betrieb verhältnismäßig groß angelegt. Die wiederholte Befragung von Mitarbeitern über einen Zeitraum von einem halben Jahr und die Zeit zur Durchführung und Auswertung von sieben Interviews überstieg bei weitem die für Diplomanden des Werkes vorgesehenen drei Monate Beschäftigungszeit. Der für die Untersuchung notwendige Zeitrahmen von einem Jahr wurde von mir bereits bei den ersten Gesprächen mit dem Betrieb angemeldet, um spätere Unstimmigkeiten zu vermeiden.

Die Leitung des untersuchten Betriebes verfolgt mit der Einstellung von Diplomanden vor allem das Interesse, spezifische Probleme in der Produktion und anderen Bereichen untersuchen und - zumindest in Form von Vorschlägen - lösen zu lassen. Die Entscheidung, in einem bestimmten Bereich einen Diplomanden einzusetzen, wird also weniger aus dem Interesse heraus einem Forscher ein Untersuchungsfeld zur Verfügung zu stellen, als aus einem unmittelbaren Bedarf an Problemidentifikation und Problemlösung getroffen.

So kam es bei der Festlegung der genauen Forschungsfragestellung zu einem Interessensabgleich, bei dem immer wieder rein wissenschaftliche und direkt praktisch umsetzbare Forschungsinteressen gegeneinanderstanden. Die Fragestellung der vorliegenden Arbeit stellt aus Sicht des Betriebes sicher einen Kompromiß dar. Die Ausgangsfragestellung des Betriebes bezog sich auf eine Prüfung des neu eingeführten Planungskonzeptes für Gruppenarbeit auf Akzeptanz bei den Beteiligten, darüber hinaus auf die Frage, inwiefern Handlungsspielräume bei der Planung von Gruppenarbeit genutzt werden. Dabei handelte es sich um ein Thema mit hoher praktischer Relevanz, das mir forschungsmethodisch jedoch nur schwer greifbar erschien.

Das Führungsverhalten auf Meisterebene zu untersuchen und den durch die Arbeitsorganisation bedingten Wandel im Verhalten an zwei Zeitpunkten durch die Untergebenenbeurteilung zu messen, stieß im Betrieb zunächst - verständlicherweise - auf Widerstand. Eine Leistungsbeurteilung von Führungskräften durch Untergebene findet im untersuchten Betrieb nicht statt, daher wurde mein Vorschlag, die Meister von den direkten Mitarbeitern einzeln beurteilen zu lassen, von der Personalleitung abgelehnt. Eine solche Einschätzung des Führungsverhaltens jedes einzelnen Meisters birgt sowohl für die Einschätzenden als auch für die Eingeschätzten Risiken. Die den Meister beurteilenden Untergebenen müssen bei einem etwaigen Mangel an Datensicherheit befürchten, daß ihr Vorgesetzter sie als Kritiker identifizieren könnte. Für die Meister selbst stellt eine solche Beurteilung eine sehr persönliche, im vorhinein schwer einschätzbare und einseitige Leistungbeurteilung dar.

Um dieses Problem zu umgehen, erschien es zweckmäßig, auf die Miterhebung des Namens des jeweils direkten Vorgesetzten zu verzichten und die Beurteilungen der Meister je Bereich zu mitteln.

Aus diesem Vorgehen entstand eine weitere Schwierigkeit: Die gemittelten Beurteilungen konnten nicht mehr auf die einzelnen Meister bezogen werden und der eine oder andere Meister erschien in der Auswertung hinsichtlich seines Führungsverhaltens "besser" bzw. "schlechter" als er tatsächlich beurteilt wurde.

Meister in ihrem Führungsverhalten beurteilen zu lassen, erwies sich darüber hinaus als grundsätzlich schwierig. Bei den beurteilten Meistern war es das erste Mal, daß eine Untergebenenbeurteilung in dieser Form stattfand. Im Hinblick auf eine durchschnittliche Betriebszugehörigkeit von 12,5 Jahren (i.e. bei Annahme mittlerer Werte in den Kategorien der Jahresangaben im Fragebogen) entstand bei diesem Feedback von seiten der direkt tätigen Mitarbeiter für die Meister eine sehr ungewohnte Situation.

Die Wahl des endgültigen Forschungsthemas, die Planung des Vorgehens und die Auswahl der Interviewpartner und Kontaktpersonen in der Produktion geschah in enger Absprache mit der betreuenden Projektingenieurin im Betrieb. Darüber hinaus wurde mir eine beträchtliche Menge an Material zur Planung und Umsetzung der Gruppenarbeit der letzten vier Jahre zur Verfügung gestellt. Die Auswahl der zu untersuchenden Bereiche im Betrieb wurde unter der Berücksichtigung meiner Forschungsinteressen vorgenommen.

Generell ist für das Gelingen einer empirischen Untersuchung im Rahmen einer Diplomarbeit im industriellen Bereich aus meiner Sicht die unbedingte Absprache des eigenen Vorgehens mit möglichst vielen Personen, die in die Untersuchung (oder die Ergebnisse der Untersuchung) involviert sind, unerläßlich.

Weiterhin halte ich es für wichtig, bei der Benennung des Forschungsthemas im Feld realistisch zu sein. Diese im Grunde triviale Forderung war im Bezug auf die vorliegende Untersuchung aufgrund des heiklen Themas nicht immer einfach einzuhalten. Eine weniger negativ konnotierte Paraphrasierung des Themas wie "Zusammenarbeit von Meister und Mitarbeiter in der Gruppenarbeit", oder abstrakter "Kooperation und Arbeitszufriedenheit in der Gruppenarbeit" bei der Beschreibung der Untersuchung im Verfahren der Genehmigung des Fragebogens hätte möglicherweise die Durchführung der Erhebung erleichtert. Letztlich wäre es wahrscheinlich jedoch aufgrund der leichten Erkennbarkeit des Fragebogens als Führungsmeßinstrument zu einem Vertrauensverlust in den Produktionsbereichen gekommen. Nach anfänglichen Überlegungen in dieser Richtung wurden die Erhebungen als Führungsverhaltensmessung deklariert und durchgeführt.

Übernommene Aufgaben

Um die untersuchten Bereiche kennenzulernen und Kontakt zu den Meistern und Abteilungsleitern zu bekommen, übernahm ich die Führung des Protokolls während der Sitzungen der Planungsteams der untersuchten Bereiche. Im Produktionsbereich 2 geschah dies für die Dauer der gesamten Planungsphase. Durch das Studium der Auszubildenden-Lehrunterlagen, die in Leittext-Form vorlagen, habe ich versucht, mich mit den Fertigungen und ihren technischen Einrichtungen und Fertigungsstrukturen vertraut zu machen.

Außerdem wurde von mir im Auftrag des Steuerkreises ein Artikel für die Werkszeitung verfaßt, der die Ergebnispräsentation der Planungsteams des vorangegangen Jahres thematisiert.

Genehmigung des Fragebogens

Die Fragebogenerhebung wurde bereits in der Explorationsphase der Untersuchung, bei den Interviews mit den Meistern und Abteilungsleitern, angekündigt. Bei der konkreten Planung der ersten Erhebung wurde auf die Beachtung der im Werk geltenden Vorschriften für die Durchführung von Mitarbeiterbefragungen großer Wert gelegt. Dabei handelt es sich um die Auflage, die vorschreibt, daß eine Mitarbeiterbefragung stets durch den Betriebsrat und die Personalabteilung genehmigt werden muß. Eine solche Genehmigung war in meinem Fall nur schwer einzuholen, wenn nicht zunächst die Meister selbst ihre Einwilligung in die Befragung gegeben hatten. Die Genehmigung der Meister stellte die Hauptbedingung zur Durchführung der Befragung dar.

Für die Fragebogengenehmigung der Meister der beiden untersuchten Produktionsbereiche wurden unter Vorlage des Fragebogens vermittelnde Gespräche geführt. Neben der Betonung der Gewährleistung der Datensicherheit erwies es sich als vorteilhaft, in den Gesprächen mit den Meistern in glaubwürdiger Weise den Gewinn hervorzuheben, den die Meister aus der Untersuchung für sich und den Bereich ziehen könnten und somit das Interesse der Meister für die Ergebnisse zu wecken. Eine Einschätzung ihres Führungsverhaltens von einer großen Anzahl von Mitarbeitern zu bekommen, erschien den Meistern schließlich eine reizvolle Sache. Den Gesprächen mit den Meistern konnte ich entnehmen, daß die Einwilligung in die Befragung nicht zuletzt der Neugier auf die Ergebnisse entsprang.

Mit der Zustimmung aller sieben Meister der Bereiche unterbreitete ich das Untersuchungsvorhaben dem Leiter der Personalabteilung. In Bezug auf die Fragen zum Führungsverhalten war sicherzustellen, daß die Beurteilungen in keinem Fall direkt auf Personen bezogen werden können. Bis auf einige Änderungen am Fragebogen wurde die Befragung akzeptiert. Allerdings wurde mit der Genehmigung die Auflage gemacht, daß die Erhebungen selbst in Form von Informationsveranstaltungen in den Bereichen unter Anwesenheit eines Vertreters der Personalabteilung durchgeführt werden mußten. Die Genehmigung erstreckte sich auch auf die Folgeerhebung.

Schließlich war zur Planung der Termine für die Informationsveranstaltungen nur noch die Genehmigung des Fragebogens durch den Betriebsrat des Werkes notwendig. Die Befragung wurde hier mit Bezug auf die Datensicherheit ohne Beanstandungen bewilligt. Der Betriebsrat behielt sich die Anwesenheit eines Vertreters auf den Informationsveranstaltungen vor.

Organisation der ersten Fragebogenerhebung

Bei der Terminabsprache und der Organisation der Informationsveranstaltung waren mir die Abteilungsleiter der Bereiche behilflich. Der Termin wurde so gewählt, daß aus den Früh- und Spätschichten möglichst viele Mitarbeiter anwesend waren: nämlich kurz vor der Schichtübergabe. Im Falle des Produktionsbereiches 2 war im Anschluß an meine Informationen eine technische Mitarbeiterunterweisung geplant, was das Problem der freiwilligen Anwesenheit bei der Veranstaltung in diesem Bereich erleichterte. Die Ankündigung der Informationsveranstaltung erfolgte eine Woche im voraus schriftlich durch Aushänge (siehe Anhang 11).

Als Räume für die Veranstaltungen wurden die zukünftigen Gruppenräume in den Produktionshallen der Fertigungsbereiche zur Verfügung gestellt. In beiden Veranstaltungen waren fünf Minuten Zeit für das Vortragen meines Anliegens vorgesehen. Der Schwerpunkt meiner Ausführungen lag auf dem Vorgehen und dem Zweck der Befragung, auf der gesicherten Anonymität der Ergebnisse und darauf, daß durch die Aktion ein Meinungsbild der Abteilungen erstellt werden könne.

Die Fragebögen wurden am Ende der Veranstaltung mit der Bitte verteilt, diese innerhalb einer zweiwöchigen Frist ausgefüllt in eine dafür vorgesehene Kiste im Meisterbüro zu stecken. Die Kisten waren auf Nachfragen der Mitarbeiter hin dort gegen unbefugten Einblick mit Sperrbändern aus der Produktion verklebt worden.

Gegen Ende der Rückgabefrist der Fragebögen wurden Aushänge in den Bereichen angebracht, in denen für die bisherige Beteiligung gedankt und darauf aufmerksam gemacht wurde, daß die Frist um eine Woche verlängert wurde (siehe Anhang 12). Während der gesamten Rücklaufphase waren unausgefüllte Fragebögen im Meisterbüro erhältlich.

Im Produktionsbereich 1 führte die Nennung des Namens des Großvaters zu der Schwierigkeit, daß sich ausländische Mitabeiter wegen der gegebenen Unterscheidungsmöglichkeit diskriminiert fühlten. Um dieses Mißverständnis aufzuklären, wurde ein Aushang angebracht, der den Zweck der Frage klärte und darauf hinwies, daß ebenso ein frei gewählter, sich bei der Folgebefragung wiederholender Name oder eine Zahl denselben Zweck erfüllte. In der Zeit zwischen den Erhebungen wurde durch Veranstaltungen, in denen den Meistern die Ergebnisse der ersten Erhebung rückgemeldet wurde versucht, den Kontakt zu den Bereichen aufrecht zu erhalten.

Organisation der zweiten Fragebogenerhebung

Bei der Organisation der Folgeerhebung ging es vor allem darum, möglichst alle Mitarbeiter, die an der ersten Erhebung teilgenommen hatten, wieder zu erreichen und dazu zu bewegen, an der nächsten Befragung teilzunehmen.

Der organisatorische Aufwand bei der Durchführung der zweiten Erhebung war höher als der der ersten. Zur Information der Mitarbeiter stand nun, nach der Gruppenarbeitseinführung, die neue Institution der Gruppengespräche zur Verfügung. Diese wurden, je Gruppe an sieben Terminen, zum Austeilen und Besprechen der Fragebögen genutzt. Besonderen Raum nahm bei den Informationsveranstaltungen der zweiten Erhebung die Erklärung der Bedeutung der Veränderungsmessung ein.

Auch nach der zweiten Erhebung wurden in den Bereichen Aushänge angebracht, in denen eine Verlängerung der Rücklauffrist angekündigt wurde und um weitere Beteiligung an der Befragung gebeten wurde (siehe Anhang 12). Hinsichtlich des Rücklaufes der zweiten Erhebung ergaben sich einige Schwierigkeiten: Ein erhöhter Krankenstand zum Erhebungszeitpunkt (in einem Bereich über 25%) und ein langsam wirksam werdender Personalabbau waren wohl die Hauptgründe hierfür.

Rückkopplung der Ergebnisse

Eine wichtige Rolle während der gesamten Untersuchung spielten die Rückkopplungen der Ergebnisse an die Beteiligten. Da im Mittelpunkt der Untersuchung die Meister mit ihrem Führungsverhalten standen, hatte die Wahrung ihrer Interessen Priorität im Vorgehen. Entscheidend für die Gewinnung und die Erhaltung des Vertrauens der Meister in einen für sie gesicherten Umgang mit den gewonnenen Daten war ein frühzeitiges Feedback der jeweils neu gewonnenen Information.

So wurde beispielsweise nach der ersten Erhebung die wichtigsten Ergebnisse in Histogrammen zusammengestellt und (vor allem die Differenzen zwischen Selbst- und Fremdeinschätzung im Führungsverhalten) mit den Betroffenen im Hinblick auf die vermutlichen Ursachen sowie und auf die zukünftige Bereichsentwicklung der Bildungsabteilung des Werkes diskutiert. Mit Abschluß der Untersuchung wurden die Ergebnisse in einer Veranstaltung für sämtliche Mitarbeiter der untersuchten Bereiche vorgestellt und diskutiert. Somit wurden die Ergebnisse für das Unternehmen praktisch nutzbar gemacht.

5. Ergebnisse der Untersuchung

In diesem Kapitel werden die Ergebnisse der Untersuchung vorgestellt. In Kapitel 5.1 sind die Ergebnisse der mündlichen Befragung der Explorationsphase zusammengefaßt. Hier werden zunächst die Ergebnisse der Vorgespräche, anschließend die der Interviews dargestellt (Kap. 5.1.1 und 5.1.2). Die Auswertung der mündlichen Befragungen erfolgte mit den in Kapitel 4.2.2.3 beschriebenen Methoden.

Bei der Darstellung der Ergebnisse der schriftlichen Befragung wird zunächst auf die Testgüte des verwendeten Instrumentes eingegangen (Kap. 5.2.1). Diese wurde mit den unter Kapitel 4.4.1 vorgestellten Methoden ermittelt. Im Anschluß daran werden die Ergebnisse der Hypothesenprüfungen vorgestellt (Kap. 5.2.2). Die Ergebnisse der schriftlichen Befragung mit der Selbstbeurteilungsversion werden im letzten Abschnitt des Kapitels in Mittelwerten aufgelistet (Kap. 5.2.3).

5.1 Ergebnisse der mündlichen Befragung

5.1.1 Vorgespräche

Bei den Befragten handelte es sich um Meister bzw. Teamleiter, die alle Mitglieder in Planungsteams sind. Es wurden die Themenbereiche der sozialen Probleme bei der Einführung von Gruppenarbeit, des Vertrauens in die Mitarbeiter bei der Einführung der Gruppenarbeit und des Zeitrahmens der Einführung thematisiert (siehe Kap. 4.2.1).

Soziale Probleme bei der Einführung von Gruppenarbeit

Als Hauptproblem wurde der schlechte technische Qualifizierungsstand der direkten Mitarbeiter in den von der Gruppenarbeit betroffenen Bereichen genannt. Die Nennung prozentualer Verteilungen des Qualifikationsaufwandes divergierte stark. Während in einigen Gesprächen der Anteil von nicht oder schwer für die Anforderungen der Gruppenarbeit qualifizierbaren Mitarbeitern mit 40% beziffert wurde, hielten die Meister in anderen Gesprächen lediglich bei 10% der Mitarbeiter einen erhöhten Qualifizierungsaufwand für notwendig. Auffällig war auch die wiederholte Nennung eines großen prozentualen Anteils (50%) von "Mitschwimmern", d. h. Mitarbeitern, die keinen produktiven Beitrag zur Gruppenarbeitseinführung leisteten, sie jedoch auch nicht blockierten.

Eine Befürchtung stellte die Frage des Umgangs mit den Mitarbeitern dar, deren Arbeitsplatz möglicherweise durch die Gruppenarbeit wegfällt. Die Bewertungen der sozialen Schwierigkeiten bei der Einführung von Gruppenarbeit reichten von "wenig Bedenken" bis zu der "Befürchtung großer Schwierigkeiten".

Als weiteres Problem wurde die Herausbildung von nichtgewählten "Wortführern" und "Leithammeln" in der Gruppe erwähnt, die zu Konflikten führen kann. Außerdem wurde genannt, daß die Mitarbeiter in der Ausbildung zu wenig über Gruppenarbeit erfahren.

5. Ergebnisse der Untersuchung

Vertrauen in die Mitarbeiter bei der Einführung der Gruppenarbeit

Eng mit der Bewertung des Qualifikationsaufwandes der Mitarbeiter sind die Nennungen zu Fragen des Vertrauens in die Mitarbeiter verknüpft. Gemeint ist hiermit das Vertrauen, welches der Meister bei der Übertragung von neuen, aus der Gruppenarbeit entstehenden Aufgaben im Hinblick auf die Erledigung dieser Aufgaben in die Mitarbeiter setzt. Entsprechend der obigen Nennungen sind auch hier die Antworten breit gestreut. Mangelndes Vertrauen wurde mit Unflexibilität, zu hohem Schwierigkeitsgrad der kommenden Aufgaben und der Befürchtung eines "Schlendrians" z. B. bei der Qualitätskontrolle begründet. Eine weitere Nennung stellte in diesem Zusammenhang die Gefährdung der Betriebssicherheit durch selbststeuernde Gruppen dar.

Zeitrahmen der Einführung von Gruppenarbeit in die Bereiche

Die Angaben zum Zeitrahmen, der zur Einführung von Gruppenarbeit notwendig ist, schwanken zwischen einem und zwei Jahren. Gemeint ist hier der Zeitrahmen, der bis zur vollständigen Umsetzung der Planung der Gruppenarbeit nötig ist.

Zusammenfassend läßt sich zu den Vorgesprächen feststellen, daß aus der Sicht der von der Gruppenarbeitseinführung betroffenen Meister soziale Probleme bei der Einführung der Gruppenarbeit individuell sehr unterschiedlich eingeschätzt werden. Es stellt sich bei der Auswertung der Gespräche kein einheitliches Bild im Hinblick auf die besprochenen Themen dar.

Hierzu trägt möglicherweise bei, daß die befragten Personen aus unterschiedlichen Bereichen des Werkes stammen, in denen die Einführungsstände der Gruppenarbeit zum Zeitpunkt der Befragung jeweils unterschiedlich waren.

5.1.2 Interviews

Aus Gründen der Übersichtlichkeit sind die Interviewergebnisse in Abbildung 8 und 9 ensprechend des in Kap. 4.2.2.3 entwickelten Schemas kategorienweise zusammengefaßt. Die Häufigkeiten der Nennungen beziehen sich dabei auf alle sieben geführten Interviews. Die Ergebnisse der Einzelinterviews sind in den Anhängen 1-7 angefügt. Die Nennungen unter den Kategorien sind zu Oberbegriffen zusammengefaßt und nach Häufigkeiten aufgelistet.

Zusammenfassend betrachtet erscheint es ohne Schwierigkeiten möglich, die Ergebnisse der Interviews an die unter Kapitel 2 hergeleiteten Hypothesen anzubinden. Die befragten Personen beschreiben erfolgreiche Führung in der Gruppenarbeit und die Anpassung des Führungsverhaltens an die Anforderungen der Gruppenarbeit aus ihren jeweiligen betrieblichen Perspektiven in hohem Maße entsprechend der Erwartungen der Hypothesen, wie im folgenden verdeutlicht wird.

5. Ergebnisse der Untersuchung

	Nennungen	Häufig-keiten
Position der Befragten	Meister (in Gruppenarbeit tätig)	3
	Management / Steuerkreismitglieder	3
	Direkter Mitarbeiter	1
Erfolgreiche Führung in Gruppenarbeit Verhaltensweisen/ Kompetenzen von Meistern in Gruppenarbeit	- Offenheit im Umgang mit den Mitarbeitern in der Gruppe	12
	- Förderung des Gruppenzusammenhaltes*	10
	- Kümmern um persönliche Probleme der Mitarbeiter*	6
	- Eingehen auf die Mitarbeiter, unterstützen*	6
	- Vertrauen in die Mitarbeiter setzen*	5
	- Mitarbeiter fördern*	5
	- Ehrlichkeit, zugeben von Fehlern und Problemen	5
	- Lösen von Konflikten und Spannungen in der Gruppe*	4
	- Einbeziehen der Mitarbeiter in den Problemlösungsprozeß*	4
	- Diskussionen zulassen, zuhören können*	4
	- Weitergabe von Wissen an die Mitarbeiter	3
	- Macht an die Gruppe abgeben	3
	- Informieren der Mitarbeiter*	3
	- Partnerschaftlicher Umgang mit den Mitarbeitern*	3
	- Flexibler Führungsstil	3
	- Ausdauer, Geduld allgemein	2
	- Mut	2
	- Lernfähigkeit	2
	- Inhaltliche Kompetenzen zur Gruppenarbeit	1
	- Fähigkeit, mit Widerständen umzugehen	1
	- Anerkennung guter Arbeit der Mitarbeiter*	1

Abb 8: Interviewergebnisse 1 (* Maintenance-Führungsfunktionen)

	Nennungen	Häufigkeiten
Position der Befragten	Meister (in Gruppenarbeit tätig)	3
	Management / Steuerkreismitglieder	3
	Direkter Mitarbeiter	1
Veränderungen im Meisterverhalten durch die Gruppenarbeit		
Probleme bei der Veränderungen von Meisterverhalten	- Umfeld des Meisters (Vorgesetzter, Gesellschaft) läßt keine Veränderung zu	3
	- Das Abgeben von Macht ist mit Ängsten verbunden	3
	- Patriarchalischer/autoritärer Führungsstil wird nicht aufgegeben	2
	- Kostendruck hemmt Veränderung	2
	- Der Meister steht im Spannungsfeld der Interessen	1
	- Wissen wird von Meistern zurückgehalten, um Machtpositionen zu sichern	1
Anpassung des Verhaltens an die Gruppenarbeit	Abhängig von:	
	- Erkennen des Nutzens der Gruppenarbeit	2
	- Einstellung des Meisters zur Gruppenarbeit	1
	- Zusammenarbeit mit den Mitarbeitern der Gruppe	1
	- Persönlichem Erleben von Teamgeist und Gruppenerfolg	1

Abb. 9: Interviewergebnisse 2

Hypothese 1

In der ersten Hypothese wird ein Zusammenhang von Maintenance-Führung und Führungserfolg erwartet (Hypothese 1a und 1b), der in der Gruppenarbeit ausgeprägter ist als in der Einzelarbeit (Hypothese 1c). Die in den Interviews genannten Verhaltensweisen und Kompetenzen von Meistern, wie sie in der Gruppenarbeit als erfolgreich erachtet werden, decken 9 der 10 von Misumi (Kap. 4.3.3.1) formulierten Items für die Maintenance-Führungsfunktion ab (Abb. 8), wobei die Nennungen unter dem Oberbegriff "Förderung des Gruppenzusammenhaltes" auf die Maintenance-Funktion an sich bezogen werden. Ein Interviewpartner nannte direkt die "Haltefunktion", in der der Meister zur Gruppe stehe (Anhang 5). Insgesamt finden sich die Merkmale der Maintenance-Führungsfunktion in 51 von 85 Nennungen.

Die weiteren Nennungen unter dieser Kategorie beziehen sich auf die Konfliktlösungsfähigkeit und die Fähigkeit, mit Widerständen in der Gruppe umzugehen. Außerdem werden eine Anzahl von Eigenschaften genannt, die die Führungsperson in der Gruppenarbeit erfolgreich machen. Mut, Geduld, Flexibilität im Führungsstil, Lernfähigkeit und Ehrlichkeit sind die diesbezüglichen Nennungen. Einen weiteren Themenblock in den Nennungen stellt das Abgeben von Macht und Wissen an die Gruppe dar; diese Problematik ist ausführlich in den Theoriekapiteln 2.1.3 und 2.2.3.2 diskutiert worden. Am häufigsten wurde die "Offenheit im Umgang mit den Mitarbeitern in der Gruppe" genannt. Die Einordnung dieser Nennung als Verhaltensweise bzw. Kompetenz der Führungsperson in der Gruppenarbeit scheint aufgrund ihrer begrifflichen Unschärfe problematisch.

Neben den Nennungen der Eigenschaften von Führungsperson, die zu den Fragen des erfolgreichen Führungsverhaltens in der Gruppenarbeit erwähnt wurden (und den die "Offenheit" zuzurechnen ist), sind im Theorieteil der vorliegenden Arbeit sämtliche genannten Themenbereiche diskutiert worden. Im Bezug auf die Hypothese 1 (Maintenance-Verhalten ist in der Gruppenarbeit erfolgreicher als in Einzelarbeit) läßt sich feststellen, daß die Überlegungen des Theorieteils und die abgeleiteten Hypothesen 1a-1c durch die Interviews an die empirisch-reale Arbeitssituation angebunden werden können. Die Ergebnisse der Interviewauswertung liefern darüber hinaus eine erste, augenscheinliche Validierung der ersten Hypothese.

Hypothese 2

In Hypothese 2 wird die Anpassung des Führungsverhaltens der Meister an die Anforderungen der Gruppenarbeit postuliert. Zum Thema der Veränderung des Meisterverhaltens durch die Gruppenarbeit wurden unter der ersten Kategorie "Probleme bei der Veränderung von Meisterverhalten" durch die Gruppenarbeit, unter der zweiten Kategorie die Frage der "Anpassung des Führungsverhaltens an die Anforderungen der Gruppenarbeit" zusammengefaßt.

Am häufigsten wurden unter der ersten Kategorie Ängste beim Abgeben von Macht und ein veränderungshemmendes Umfeld, in dem sich der Meister seinerseits befindet, genannt. Hiermit ist vor allem der Vorgesetzte des Meisters und das weitere gesellschaftliche Umfeld gemeint. Als weitere Probleme bei der Anpassung des Führungsverhaltens erwähnten die Interviewpartner die Schwierigkeiten der Meister, einen als "autoritär/patriarchalisch" bezeichneten Führungsstil aufzugeben. Auch der bestehende Kostendruck, der sich auf das Führungsverhalten der Meister auswirkt, wurde als Problemfaktor genannt. Darüber hinaus erwähnten die Interviewten das Spannungsfeld der Interessen, in dem der Meister stehe, sowie das möglicherweise praktizierte Zurückhalten von Wissen.

In den Nennungen zur zweiten Kategorie wird die Möglichkeit der Verhaltensänderung der Meister als abhängig von einer Reihe von Einflußgrößen dargestellt. Am häufigsten werden das Erkennen des Nutzens der Gruppenarbeit, die Einstellung des Meisters zur Gruppenarbeit, das Erleben von Teamgeist und die Zusammenarbeit mit Mitgliedern der Gruppe als Faktoren genannt, die einen Anpassungsvorgang des Führungsverhaltens an die Anforderungen der Gruppenarbeit begünstigen. Die Möglichkeit einer prinzipiellen Anpassung des Verhaltens in der Gruppenarbeit wird nicht genannt. Die empirische Anbindung der Hypothese 1 erfährt hierdurch eine gewisse Relativierung. Im Theorieteil der Arbeit (Kap. 2.1.3, 2.2.3 und 2.2.4) werden jedoch die genannten Probleme und die Abhängigkeit des Anpassungsvorganges des Führungsverhaltens von den genannten Einflußgrößen (ausgenommen das Zurückhalten von Wissen und der Kostendruck) explizit diskutiert.

5.2 Ergebnisse der schriftlichen Befragung

5.2.1 Testgüteuntersuchung

Die Ergebnisse der Untersuchungen zur Testgüte der in der Fragebogenerhebung verwendeten Instrumente sind ausführlich in Anhang 13 und 14 aufgelistet. An dieser Stelle werden die Skalen und Items zusammenfassend vorgestellt und bewertet. Die verwendeten Verfahren zur Bestimmung der Testgüte und die Anzahl der einbezogenen Fälle sind bereits in Kapitel 4.4.1 dargestellt worden. Die Angaben beziehen sich außer bei der Varianzaufklärung auf die Ergebnisse beider Meßzeitpunkte. Die Auswertung erfolgte mit SPSS PC+, Version 3.1. Die Kriterien der Bewertung der Testgüte beziehen sich auf die Angaben von Lienert (1989), und folgen der klassischen Testtheorie. Speziell werden Dimensionalität, Reliabilität, Homogenität der Skalen sowie die Item-Trennschärfe betrachtet.

Arbeitszufriedenheits-Skala nach Neuberger (Fragen 1a-j)

Die Skala weist eine zufriedenstellende Reliabilität ($\alpha = .80$) und eine mittlere Homogenität ($\bar{r}_{ii'} = .30$) auf. Die Trennschärfen der Items sind als ausreichend zu bezeichnen ($\bar{r}_{it} = .53$). Ausnahmen bilden lediglich Item 1a (Zufriedenheit mit der Beziehung zu Kollegen) mit $r_{it} = .30$ und Item 1b (Zufriedenheit mit der Beziehung zum Vorgesetzten) mit $r_{it} = .25$. Die geringe Trennschärfe ist vermutlich darauf zurückzuführen, daß die Zufriedenheit mit den Kollegen und Vorgesetzten sich nicht in die Skala der Arbeitszufriedenheit einfügt. Der Anteil aufgeklärter Varianz bei der Extraktion eines PCA-Faktors beträgt 31,0% (1. Meßzeitpunkt) bzw. 38,3% (2. Meßzeitpunkt), so daß die Skala als eindimensional aufzufassen ist und es gerechtfertigt scheint, sie über einen Summenscore auszuwerten.

Arbeitszufriedenheits-Skala nach Misumi (Fragen 2-6)

Die Skala ist von mittlerer Reliabilität ($\alpha = .50$) Sie weist eine sehr niedrige Homogenität ($\bar{r}_{ii'} = .16$) auf, und die Trennschärfen der Items 3 (Meinen Sie, daß sich ihre gegenwärtige Tätigkeit lohnt?) und 4 (Wie gut beherrschen Sie Ihre gegenwärtige Tätigkeit?)

sind mit r_{it}= .06 bzw. r_{it}= .29 nicht ausreichend hoch. Möglicherweise passen die Items inhaltlich nicht zu der Skala. Der Anteil aufgeklärter Varianz bei der Extraktion eines PCA-Faktors beträgt 45,5% (1. Meßzeitpunkt) bzw. 53,0% (2. Meßzeitpunkt), so daß die Skala als eindimensional aufzufassen ist und es gerechtfertigt scheint, sie über einen Summenscore auszuwerten.

Zufriedenheit mit der Firma (Fragen 8-10)

Die Reliabilität der Skala liegt im mittleren Bereich (α= .71). Sie weist eine mittlere Homogenität ($\bar{r}_{ii'}$= .39) auf. Die Items sind durchweg als trennscharf zu bezeichnen (r_{it}= .48). Der Anteil aufgeklärter Varianz bei der Extraktion eines PCA-Faktors beträgt 49,6% (1. Meßzeitpunkt) bzw. 59,0% (2. Meßzeitpunkt), so daß die Skala als eindimensional aufzufassen ist und es gerechtfertigt scheint, sie über einen Summenscore auszuwerten.

Geistig-seelische Gesundheit (Mental Health) (Fragen 12-15, 35)

Die Skala ist nicht ausreichend reliabel (α= .37). Die Items sind sämtlich von geringer Trennschärfe ($\bar{r}_{it}$= .34) und von sehr geringer Homogenität ($\bar{r}_{ii'}$= .12). Der Anteil aufgeklärter Varianz bei der Extraktion eines PCA-Faktors beträgt 27,0% (1. Meßzeitpunkt) bzw. 35,5% (2. Meßzeitpunkt), so daß die Skala kaum als eindimensional aufzufassen ist.

Kommunikation und Information (Fragen 18, 44-47)

Die Skala ist von ausreichender Reliabilität (α= .63). Die Homogenität ist niedrig ($\bar{r}_{ii'}$= .25) und die Items sind von mittlerer Trennschärfe (r_{it}= .40). Der Anteil aufgeklärter Varianz bei der Extraktion eines PCA-Faktors beträgt 40,7% (1. Meßzeitpunkt) bzw. 42,5% (2. Meßzeitpunkt), so daß die Skala als eindimensional aufzufassen ist und es gerechtfertigt scheint, sie über einen Summenscore auszuwerten.

Performance (Fragen 20-29)

Die Skala ist sehr hoch reliabel (α= .84) und von mittlerer Homogenität ($\bar{r}_{ii'}$= 36). Die Items sind durchweg hoch trennscharf (r_{it}= .54). Der Anteil aufgeklärter Varianz bei der Extraktion eines PCA-Faktors beträgt 35,2% (1. Meßzeitpunkt) bzw. 51,6% (2. Meßzeitpunkt), so daß die Skala als eindimensional aufzufassen ist und es gerechtfertigt scheint, sie über einen Summenscore auszuwerten.

Maintenance (Fragen 19, 30-39)

Die Skala ist von sehr hoher Reliabilität (α= .93) und mittlerer Homogenität ($\bar{r}_{ii'}$= .54). Die Items sind sämtlich sehr hoch trennscharf (r_{it}= .71). Der Anteil aufgeklärter Varianz bei der Extraktion eines PCA-Faktors beträgt 60,8% (1. Meßzeitpunkt) bzw. 59,1% (2. Meßzeitpunkt), so daß die Skala als eindimensional aufzufassen ist und es gerechtfertigt scheint, sie über einen Summenscore auszuwerten.

Meinung zur Teamarbeit (Fragen 16, 41-43)

Die Skala ist von hoher Reliabilität ($\alpha = .80$), die Homogenität ist mittel hoch ($\bar{r}_{ii'} = .51$) ausgeprägt. Die Items sind sehr hoch trennscharf ($\bar{r}_{it} = .58$). Der Anteil aufgeklärter Varianz bei der Extraktion eines PCA-Faktors beträgt 62,9% (1. Meßzeitpunkt) bzw. 64,9% (2. Meßzeitpunkt), so daß die Skala als eindimensional aufzufassen ist und es gerechtfertigt scheint, sie über einen Summenscore auszuwerten.

Leistungsnormen in der Gruppe (Fragen 48-50)

Die Skala ist von nicht ausreichender Reliabilität ($\alpha = .22$). Die Items sind in geringem Maße trennscharf ($\bar{r}_{it} = .13$). Der Anteil aufgeklärter Varianz bei der Extraktion eines PCA-Faktors beträgt 50% (1. Meßzeitpunkt) bzw. 41% (2. Meßzeitpunkt), so daß die Skala als eindimensional aufzufassen ist und es gerechtfertigt scheint, sie über einen Summenscore auszuwerten.

Zusammenfassend betrachtet erweisen sich die Skalen Arbeitszufriedenheit (Neuberger), Zufriedenheit mit der Firma, Kommunikation und Information, Performance, Maintenance und Meinung zur Teamarbeit als brauchbar. Bei den Skalen Arbeitszufriedenheit (Misumi), Geistig-seelische Gesundheit und Leistungsnormen in der Gruppe werden bei der Interpretation aufgrund mangelnder Reliabilität Einschränkungen gemacht.

5.2.2 Prüfung der Hypothesen

Die beiden Hypothesen der Untersuchung werden durch Signifikanztests geprüft. Die Intervallskalierung der Daten wird dabei vorausgesetzt (siehe auch Kap. 4.4.2). Die Stichprobengröße von n = 30 je Stichprobe ermöglicht ein robustes Testen. Die Ergebnisse der schriftlichen Befragung mit der Fremdbeurteilungsversion des Instruments sind in Anhang 15 und 16 in deskriptiven Maßen dargestellt.

Hypothese 1

Hypothese 1a und 1b besagen, daß zwischen der Maintenance-Führungsfunktion und dem über die Klimaskalen operationalisierten Führungserfolg ein Zusammenhang besteht, der in der Gruppenarbeitssituation stärker ausgeprägt ist als in der Einzelarbeitssituation (Hypothese 1c). Die regressionsanalytische Überprüfung zeigt, daß die Maintenance-Skala zum ersten Meßzeitpunkt eine Varianzaufklärung ($R^2 \cdot 100$) in Höhe von 26,57% ($F = .04$; $R = .51$) bezüglich der Klimaskalen aufweist, zum zweiten Meßzeitpunkt beträgt dieser Wert 52,70% ($F = 0,009$; $R = .72$). Der Zuwachs an Varianzaufklärung zwischen den Werten ist auf dem 1%-Niveau signifikant.

Die Ergebnisse bivariater Korrelationsuntersuchungen schlüsseln diese Zusammenhänge weiter auf: Zum ersten Meßzeitpunkt korrelieren die Arbeitszufriedenheitswerte nach Neuberger signifikant mit den Werten der Maintenance-Skala ($r = .49$; $p < .01$), ebenso weisen die Arbeitszufriedenheitswerte nach Misumi ($r = .47$; $p < .01$) und die Firmenzufriedenheitsskala ($r = .52$; $p < .01$) signifikante Zusammenhänge mit den

Maintenance-Werten auf. Innerhalb des durch die multiple Korrelation ermittelten Zusammenhanges sind die entsprechenden drei Skalen also besonders wichtig.

Zum zweiten Meßzeitpunkt haben sich diese Zusammenhänge deutlich vergrößert:

Die Korrelation zwischen den Arbeitszufriedenheits-Werten nach Neuberger und den Maintenance-Werten hat sich erhöht. Sie ist nun hochsignifikant (r=.73; $p < .001$). Die übrigen Korrelationen der Klima-Werte mit den Maintenance-Werten liegen bei r= .02 (Arbeitszufriedenheit nach Misumi), r= .42 (Firmenzufriedenheit), und r= .51 (Geistig-seelische Gesundheit). Die ersten beiden Werte sind nicht signifikant, der Geistig-seelische Gesundheit-Wert ist signifikant ($p < .01$). Besondere Beachtung findet in diesem Ergebnis der Wert der Arbeitszufriedenheits-Skala nach Neuberger. Die Skalen Geistig-seelische Gesundheit und die Arbeitszufriedheitsskala nach Misumi sind nur eingeschränkt interpretierbar (siehe Kap. 5.2.1). Zwischen den Werten der Firmenzufriedenheits-Skala und den Maintenance-Werten besteht ein - wenn auch nicht signifikanter - Zusammenhang.

Daß trotz der relativ geringen Stichprobenumfänge ein signifikantes Ergebnis erzielt wurde, deutet darauf hin, daß in der Population ein starker Effekt vorliegt.

Anders verhält es sich mit den Performance-Werten. Hier sind zu beiden Meßzeitpunkten keine bedeutsamen Zusammenhänge mit den Klima-Werten festzustellen (R^2 (t_1) = .20, F= .17; R^2 (t_2)= .28, F=.09).

Hypothese 2

Der Hypothese 2 entsprechend wird mit der Gruppenarbeitseinführung die Angleichung des Führungsverhaltens an die situativen Anforderungen bezüglich der Maintenance-Funktion erwartet. Entsprechend werden die Mittelwertdifferenzen der Maintenance-Werte zu den Meßzeitpunkten t_1 (Einzelarbeit) und t_2 (Gruppenarbeit) auf Signifikanz getestet. Die Mittelwertsdifferenzen der Maintenance-Skala in den beiden Meßzeitpunkten sind nicht signifikant ($\bar{x}$ (t_1) = 3,08 / $\bar{x}$ (t_2) = 3,00). Der t-Wert beträgt $t_{(23; 5\%)}$= 1.05 bei einer zweiseitigen α-Fehlerwahrscheinlichkeit von p = .30. Dies bedeutet, daß das Ausmaß an Maintenance-Führungsverhalten von der Einzel- zur Gruppenarbeitsituation nicht größer wird, sondern eher leicht abnimmt. Das Ergebnis des t-Tests für abhängige Stichproben, mit dem die Hypothese getestet wurde, führt zu einer Verwerfung der Hypothese.

Ebenso unterscheiden sich die Mittelwerte der Performance-Skala ($\bar{x}$ (t_1) = 3,26; $\bar{x}$ (t_2) = 3,08) zwischen den Meßzeitpunkten nicht signifikant ($t_{(23; 5\%)}$ = 1,58; p=.15). Dies entspricht den Annahmen der Hypothese.

5.2.3 Ergebnisse der Selbstbeurteilungsversion

Die Ergebnisse der Selbstbeurteilungen der Meister sind in Tabelle 8 nach Produktionsbereichen getrennt in arithmetischen Mittelwerten und Standardabweichungen dargestellt. Die Ergebnisse zeigen hinsichtlich der Führungsverhaltens-Skalen zu beiden Meßzeitpunkten gegenüber der Fremdbeurteilung erhöhte Mittelwerte (Anhang 17/18).

5. Ergebnisse der Untersuchung

Meßzeitpunkt 1	Produktionsbereich 1		Produktionsbereich 2	
Variable	$\bar{x}$	s	$\bar{x}$	s
Zufriedenheit mit Bezahlung	3.00	1.73	2.67	1.15
Einstellung zur Gruppenarbeit	4.33	1.15	3.00	1.00
Arbeitszufriedenh. (Neuberger)	3.30	.56	3.40	.35
Arbeitszufriedenheit (Misumi)	4.47	.42	4.47	.31
Zufriedenheit mit der Firma	4.42	.14	3.75	.00
Geistig-seelische Gesundheit	3.60	.69	3.40	.35
Kommunikation und Information	3.47	.50	3.73	.64
Performance	4.33	.15	3.90	.10
Maintenance	4.27	.40	4.10	.17
Meinung zur Teamarbeit	2.58	.50	3.33	.23
Leistungsnormen in der Arbeitsgruppe	4.44	1.07	3.78	.19
Meßzeitpunkt 2				
Zufriedenheit mit Bezahlung	2.67	2.08	3.00	1.73
Einstellung zur Gruppenarbeit	3.67	1.53	3.67	1.15
Arbeitszufriedenh. (Neuberger)	3.63	.46	3.30	.80
Arbeitszufriedenheit (Misumi)	4.40	.53	4.47	.31
Zufriedenheit mit der Firma	4.50	.25	3.67	.29
Geistig-seelische Gesundheit	3.53	.76	3.20	.35
Kommunikation und Information	3.20	.92	3.80	.53
Performance	4.13	.60	3.87	.06
Maintenance	4.30	.44	4.17	.15
Meinung zur Teamarbeit	3.17	.52	3.08	.52
Leistungsnormen in der Arbeitsgruppe	3.89	.69	3.56	.19

Tab. 8: Ergebnisse Selbstbeurteilungsversion/Meßzeitpunkt 1 und 2 (N=6)

6. Diskussion

In diesem Kapitel werden die in Kapitel 5 vorgestellten Ergebnisse interpretiert und diskutiert. Es wird auf die im Theorieteil der Arbeit (Kap. 2) angestellten Überlegungen erneut Bezug genommen.

Zunächst werden zur Untersuchung in methodischer Hinsicht einige kritische Anmerkungen gemacht (Kap. 6.1). In den nachfolgenden beiden Kapiteln (6.2 und 6.3) werden die Ergebnisse der schriftlichen Befragung interpretiert und vor dem Hintergrund des in Kapitel 1 formulierten Erkenntnisinteresses und der Ziele der Untersuchung zusammenfassend diskutiert.

In Kapitel 6.4 werden praktische Implikationen der Untersuchung aufgezeigt, dabei werden auf der Grundlage der in Kapitel 6.2 vorgenommenen Interpretationen Handlungsempfehlungen für die betriebliche Praxis abgeleitet. Das Kapitel schließt mit einem Ausblick ab.

6.1 Kritik der Untersuchung

Der Hauptkritikpunkt der Untersuchung betrifft den zeitlichen Abstand zwischen den Erhebungszeitpunkten der schriftlichen Befragung. In den sieben Monaten nach dem ersten Meßzeitpunkt wurde in den untersuchten Produktionsbereichen die geplante Umstrukturierung nur zum Teil so umgesetzt, wie es im Planungskonzept des Betriebes vorgesehen ist (Kap. 3.3.2). Die hypothesengemäße Erwartung einer Verhaltensänderung in diesem relativ kurzen Zeitraum konnte sich in den Ergebnissen nicht bestätigen. Die Ergebnisse aus Interviews und Vorgesprächen, in denen die Dauer der Einführungsphase mit ein bis zwei Jahren beziffert wurde, unterstreichen diesen Kritikpunkt.

Weiterhin stellt die Größe der abhängigen Stichprobe ein Kritikpunkt der Untersuchung dar. Da lediglich knapp 50% des Fragebogenrücklaufs für die Überprüfung der Hypothesen 1c und 2 verwendet werden konnten, ergaben sich Stichprobenstärken von N=24 paarweise einander zugeordneter Befragungseinheiten (exclusive Selbstbeurteilungsversion). Die Größe der abhängigen Stichproben liegen somit im Minimalbereich derjenigen Voraussetzungen, innerhalb derer die Ergebnisse des Signifikanztestverfahrens interpretierbar sind.

Eine weitere methodische Schwäche der Untersuchung ist die je Bereich gemittelte Beurteilung der Meister. Es lassen sich hier keine individuellen Veränderungen feststellen. Die Interpretation der Daten kann nur global auf die Meisterebene bezogen werden. Unter forschungspraktischen Gesichtspunkten war eine entsprechende Miterhebung des direkten Vorgesetzten bei der Beurtelung des Führungsverhaltens nicht möglich (s. a. Exkurs).

Als letzten kritischen Punkt möchte ich an dieser Stelle noch die geringe Ökonomie der schriftlichen Befragung, die als Neben-Gütekriterium gelten kann (Lienert, 1989), nennen. Die Organisation und Durchführung der zweifachen Erhebung und die Gewinnung ausreichend großer abhängiger Stichproben waren mit erheblichem Aufwand verbunden (s. a. Exkurs).

6.2 Interpretation der Ergebnisse

Die Ergebnisse der Untersuchung werden unter Bezugnahme auf die in Kapitel 2.3 aufgestellten Hypothesen interpretiert. In die Interpretation werden die Ergebnisse der schriftlichen und mündlichen Befragungen einbezogen. Bereichsspezifische Ergebnisse und Unterschiede in den Selbst- und Fremdeinschätzungen werden dabei nur am Rande berücksichtigt.

Hypothese 1

In der ersten Hypothese wurde ein dreifacher Zusammenhang der Maintenance-Führungsfunktion mit den erhobenen Klimaskalen postuliert. Einmal wurde ein signifikanter Zusammenhang zum ersten Meßzeitpunkt, in der Einzelarbeit, erwartet. Zum zweiten sollte dieser Zusammenhang auch in der Gruppenarbeit signifikant sein. Im zentralen dritten Teil der Hypothese wurde angenommen, daß der in der Gruppenarbeit postulierte Zusammenhang größer ist als in der Einzelarbeit.

Theoretisch und inhaltlich wurde die Hypothese in den Kapiteln 2.1.3 und 2.2.3 hergeleitet: Die Maintenance-Führungsfunktion wurde dort als in der Gruppenarbeit notwendige Führungsfunktion beschrieben, welche den grundsätzlichen Anforderungen der Gruppenarbeit an Führungspersonen wie die Gewährleistung eines Gruppenzusammenhaltes entgegenkommt. Diese Anforderungen resultieren aus der Art der Führungsaufgabe der Gruppenarbeit allgemein, der speziellen Beziehung, die in dieser Arbeitsform zwischen der Führungsperson und der Gruppe bestehen und der Art der Konflikte, die in der Gruppenarbeit auftauchen.

Der Führungserfolg eines Meisters in der Gruppenarbeit hängt unmittelbar, so wurde argumentiert, mit dem Ausprägungsgrad der Maintenance-Funktion zusammen. In der Herleitung der Hypothese wurde darauf hingewiesen, daß Führungserfolg in der Einzelarbeit ebenso mit dem Ausprägungsgrad der Maintenance-Führungsfunktion in Zusammenhang steht, daß aber in der Gruppenarbeit dieser Zusammenhang als größer eingeschätzt werden muß, weil hier ein größeres Bedürfnis nach Beteiligung an Problemlösung, Unterstützung, Anerkennung etc. von seiten des Meisters besteht, wie es die Maintenance-Funktion beinhaltet.

Sämtliche Teilhypothesen der Hypothese 1 bestätigten sich statistisch signifikant, d. h. es besteht ein ausgeprägter Zusammenhang zwischen der Maintenance-Führungsfunktion und den Klimaskalen sowohl in der Einzelarbeitssituation als auch in der Gruppenarbeitssituation. Hinsichtlich einiger der erhobenen Klimaskalen konnten sogar hochsignifikante Effekte nachgewiesen werden. Die Annahme eines größeren Zusammenhanges in der Gruppenarbeitssituation konnte ebenfalls bestätigt werden.

Bei der Interpretation dieser Ergebnisse muß zunächst angemerkt werden, daß der gefundene Zusammenhang keine Feststellung unmittelbarer Kausalität beinhaltet. Die Interpretation, daß Führungserfolg in der Gruppenarbeit unmittelbar durch Maintenance-Führung bedingt ist, oder daß die Einzelarbeit weniger als Gruppenarbeit zu der Ausübung der Maintenance-Führungsfunktion des Meisters führe, sind nicht ohne weiteres zulässig.

In der Interpretation der ersten Hypothese soll zunächst der Zusammenhang zwischen Einzelarbeit und Maintenance-Führung erhellt werden. Das Ergebnis ist unter Betrachtung der Annahmen Misumis zur Frage des Zusammenhanges von Führungserfolg und Performance- bzw. Maintenance-Orientierung des Führungsverhaltens (Kap. 2.2.2) nicht auffällig. Zu dem Erfolg von Führungsverhalten tragen danach stets die Ausübung von sowohl Performance- als auch Maintenance-Funktionen bei. Obwohl sich der Zusammenhang von Performance-Funktion und Klimaskalen zu beiden Meßzeitpunkten nicht bestätigt hat, ist der Zusammenhang von Maintenance-Führung und den Klimaskalen in der Theorie offenkundig, der in der Untersuchung insbesondere bei den Skalen zur Arbeitszufriedenheit (nach Neuberger) und zur Firmenzufriedenheit gefunden wurde. Wegen der ausreichenden Reliabilität dieser Skalen (Kap. 5.2.1) werden diese in die Interpretation miteinbezogen.

Mitarbeiter, so wäre eine mögliche Erklärung dieses Zusammenhanges, sind in der Einzelarbeitssituation zufriedener mit ihrer Arbeit und der Firma, wenn sie das Führungsverhalten des Meisters als Maintenance-orientiert wahrnehmen. Hierbei spielt es eine erhebliche Rolle, daß die unterschiedlichen Aspekte des Maintenance-Führungsverhaltens auch inhaltlich (Kümmern um persönliche Probleme, Verständnis der Mitarbeiter, Anerkennung) in unmittelbarem Zusammenhang mit der Arbeits- und Firmenzufriedenheit stehen (Kap. 2.2.2).

Betrachtet man die Ergebnisse zum zweiten Meßzeitpunkt, in der Gruppenarbeit, so stellt sich dieser Zusammenhang als deutlich vergrößert dar. Hier ist der Zusammenhang zwischen Maintenance Führung und Arbeitszufriedenheit (nach Neuberger) sehr hoch. Dies ist ein Hinweis darauf, daß für erfolgreiche Führung in der Gruppenarbeit die Ausübung der Maintenance-Führungsfunktion des Meisters noch wichtiger ist als in der Einzelarbeit.

Die Ergebnisse zur Hypothese 1 legen die Interpretation nahe, daß sich die Gruppenarbeitssituation mit ihren Anforderungen an die Führungsperson durch ein überdurchschnittlich Maintenance-ausgeprägtes Führungsverhalten am erfolgreichsten bewältigen läßt. Die Maintenance-Führungsfunktion beinhaltet Fairneß, Verständnis, Vertrauen und Unterstützung gegenüber dem Mitarbeiter, den Einbezug des Mitarbeiters in Problemlösungen und die Anerkennung guter Arbeit. Weiterhin leistet sie das Besprechen persönlicher Probleme und mit ihr wird versucht, die Arbeitsbedingungen für den Mitarbeiter zu verbessern. Die Performance-Funktion der Führung bleibt von dieser Annahme nicht unberührt: Misumi zeigt insbesondere die interaktive Wirkung dieser beiden Komponenten des Führungsverhaltens (Kap. 2.2.2.1).

Ebenso sind die Ergebnisse als Äußerung eines Bedürfnisses der Mitarbeiter interpretierbar: In der Gruppenarbeitssituation besteht ein besonderes, z. T. erhebliches Bedürfnis nach Maintenance-Führungsverhalten des Meisters, wie es in der theoretischen Herleitung der Hypothese in Kapitel 2.2.3 bereits beschrieben wurde. Möglicherweise kommt hier besonders die betreuende und unterstützende Komponente der Funktion (Kap. 2.2.3.3) zum Tragen. Für das besondere Ausmaß dieses Bedürfnisses sprechen auch die Ergebnisse der Interviews (erste Kategorie, Abb. 8). Hier werden überwiegend Maintenance-Führungsfunktionen in der Gruppenarbeit als erfolgreich erachtet, wobei die Förderung des Gruppenzusammenhaltes eine herausragende Bedeutung einnimmt. Die mit der Anfangsphase der Gruppenarbeitseinführung möglicherweise verbundene Unsicherheit der Mitarbeiter in bezug auf die neue Regelung und eine neuartige Organisation der Arbeit leistet hierzu u. U. einen Beitrag.

Verallgemeinernd als spezielle P- oder M- Anforderung des Arbeitssystems Gruppenarbeit gesprochen, wie Misumi einen Bedingungsfaktor erfolgreichen Führungsverhaltens nennt (Kap. 2.2.2.2), ließe sich eine eindeutige Anforderung an das Maintenance-Verhalten der Führungsperson vermuten. Auch in der Einzelarbeitssituation ist die Erfüllung dieser Führungsfunktion wichtig (Kap. 5.2.2.1). In der Gruppenarbeit jedoch kann man vor dem Hintergrund der sehr hohen multiplen Korrelation von Maintenance-Führung und Führungserfolg in den Ergebnissen der schriftlichen Befragung bei dieser Führungsfunktion berechtigterweise von einer notwendigen Bedingung für erfolgreiche Führung in Gruppenarbeit sprechen.

Bezogen auf die Überlegungen zur Kontingenztheorie der Führung (Kap. 2.2.1) ließe sich die Rolle der Gruppenarbeitssituation für das Führungsverhalten folgendermaßen beurteilen: Der festgestellte Zusammenhang ist als Soll-Größe eines situationsangemessenen Führungsverhaltens zu bewerten. Ob in der Gruppenarbeitssituation tatsächlich ein anderes Führungsverhalten praktiziert wird als in Einzelarbeit, d. h. ob sich die Gruppenarbeitssituation als situativer Kontingenzfaktor des Führungsverhaltens herausstellt, zeigen die Ergebnisse der zweiten Hypothese.

Hypothese 2

Die Hypothese 2, in der die Angleichung des Führungsverhaltens an die Erfordernisse der Gruppenarbeitssituation erwartet wurde, konnte sich in den Ergebnissen der schriftlichen Erhebungen nicht bestätigen. Durch die Einführung der Gruppenarbeit in die untersuchten Bereiche kam es nicht zu einer Veränderung des Führungsverhaltens der Meister. Die Anforderungen der Gruppenarbeitssituation beziehen sich, wie Kapitel 2.2.3.3 zeigt und Hypothese 1c bestätigt, auf die überdurchschnittliche Ausübung der Maintenance-Führungsfunktion. Diese ist in beiden untersuchten Produktionsbereichen über die sieben Monate auseinanderliegenden Meßzeitpunkte in ihrer Ausprägung durchschnittlich geblieben.

Theoretisch ist die Hypothese im Kapitel 2.2 unter Bezugnahme auf verschiedene Theorien und Modelle hergeleitet worden, die den situativen Einflüssen auf das Führungsverhalten große Bedeutung zumessen. Selbst wenn sich, wie dargelegt wurde (Kap. 2.2.4.2), Führungsverhalten als ein ständiges Oszillieren zwischen verschiedenen Verhaltensmodalitäten beschreiben läßt, so stellte sich die Vermutung einer Angleichung des Führungsverhaltens an ein - wie in den Untersuchungsergebnissen zur Hypothese 1 deutlich wird - immenses Bedürfnis nach Maintenance-Führung als

6. Diskussion

plausible Annahme dar, da Führung den aufgezeigten theoretischen Konzepten nach stets dazu tendiert, vorhandene Soll - Ist Differenzen in Anforderungen und Verhalten zu beseitigen. Die Angleichung des Führungsverhaltens wurde in der Hypothesenherleitung infolge des Überkommens von Widerständen und im Rahmen eines schließlich positiv wahrgenommenen Veränderungsprozesses der Gruppenarbeit gesehen (Kap. 2.2.4.2).

In der Interpretation der Ergebnisse zu Hypothese 2 werde ich zunächst davon ausgehen, daß das Führungsverhalten der Meister sich in der Maintenance-Komponente tatsächlich nicht verändert hat. An späterer Stelle wird erläutert, ob die Möglichkeit besteht, einen stattgefundenen Veränderungsprozeß durch Meßfehler nicht erfaßt zu haben.

Unter der Annahme einer ausgebliebenen Veränderung des Führungsverhaltens mit der Einführung der Gruppenarbeit ist die theoretische Konzeption der Arbeitssituation Gruppenarbeit als kontingente Variable des Führungsverhaltens der Meisterebene nicht ohne Einschränkung möglich.

Legt man bei der Interpretation der Ergebnisse besonderes Augenmerk auf die Tatsache, daß eine Vielzahl von Faktoren Führungsverhalten beeinflussen (Kap. 2.2.1 und 2.2.2.2), so stellt sich die Frage, welche Faktoren sich auf das in den Untersuchungsergebnissen abgebildete Führungsverhalten ausgewirkt haben. Die Arbeitsorganisation in Gruppenarbeit und die damit verbundenen Einflüsse, wie sie unter Kapitel 3.3.4 beschrieben werden, stellen nur einen Ausschnitt der situativen Einflüsse auf das praktizierte Meisterverhalten dar.

In den Kapiteln 2.2.3 und 2.2.2.3 wurde bereits erwähnt, daß mit der Isolierung des situativen Einflusses der Gruppenarbeitssituation in der Analyse des Führungsverhaltens eine mehr oder wenige willkürliche Auswahl getroffen wurde. Betrachtet man dies vor dem Hintergrund der Modell-Annahmen von Misumi (Kap. 2.2.2.2), so läßt sich die Arbeitsorganisationsform einerseits als variable Umgebungsbedingung definieren, die vor allem Maintenance-Anforderungen an die Führungsperson stellt, andererseits jedoch auch - sofern sich die Gruppenarbeit als Arbeitssystem in dem untersuchten Zeitraum stabilisiert hat - als Teil eines sozialen Systems. Als hiervon abzugrenzende Einflußbereiche beschreibt Misumi als erstes das soziale Milieu (auch: Kultur), in dem die Führungsperson sich mit der geführten Gruppe befindet. Als zweites mißt er den großen Bereichen der Prozesse in Vorgesetzten und Untergebenen einen erheblichen Einfluß auf die praktizierte Führung zu.

Diese außerhalb der variablen und stabilen Anforderungen des Arbeitssystems stehenden Faktoren haben möglicherweise auf das Verhalten im vorliegenden Falle einen erheblichen Einfluß ausgeübt. Hierin läge eine mögliche Erklärung für das in Einzel- und Gruppenarbeit unveränderte Führungsverhalten.

Eine naheliegende, auf einen Einfluß der personengebundenen Faktoren des Führungsverhaltens hinweisende Erklärung wäre ein hoher Grad an Habitualisierung des Führungsverhaltens der Meister, wie er in Kapitel 2.1.3.3 und 2.2.4.1 beschrieben wird. Die Angemessenheit einer solchen Erklärung wird durch die Interviewergebnisse unterstrichen, in denen die Unfähigkeit, einen autoritären Führungsstil aufzugeben, als Grund für eine mangelnde Anpassungsfähigkeit des Meisterverhaltens zweifach genannt wird (Kap. 5.2.2).

Ebenso wurde in den Interviews ein veränderungshemmendes Umfeld des Meisters genannt, das einen Einfluß auf das Führungsverhalten und dessen Veränderung hat.

Der Meister, so lautete eine entsprechende Erklärung für eine ausbleibende Veränderung des Führungsverhaltens (Kap. 5.5.2), steht außerhalb der Gruppenarbeitsbereiche im Betrieb in Lebens- und Arbeitszusammenhängen, die einer Änderung seines langjährig habitualisierten Verhaltens entgegenstehen. Hierzu mögen auch die in Kapitel 1.2 bereits erwähnte "Individualistische Organisationsphilosophie" (Bungard & Antoni 1993, S. 378), autoritär führende Vorgesetzte der Meister (Kap. 5.5.2) oder das Spannungsfeld der Interessen zu zählen sein, in das der Meister in der Gruppenarbeit verstärkt gerät (Kap. 5.5.2). In solchen Faktoren würde der Einfluß von Aspekten des sozialen Milieus auf das Führungsverhalten deutlich.

Auch die von Misumi als Einflußfaktoren genannten Prozesse in den Untergebenen mögen zu dem unverändert durchschnittlich ausgeprägten Maintenance-Führungsverhalten der Meister beigetragen haben. Hierunter würde beispielsweise die möglicherweise sehr früh mit der Einführung der Gruppenarbeit entstandene Gruppenkohäsion fallen, durch die der Meister womöglich in die Position eines Außenstehenden gedrängt wurde.

Als alternative Konsequenz der Einführung von Gruppenarbeit auf der Meisterebene wurden in Kapitel 2.2.4.1 Widerstände thematisiert, welche in Form von unverändert ausgeübtem autoritären Führungsverhalten (Kap. 2.2.4.1) oder der Ablehnung der Gruppenarbeit (Kap. 2.2.4) auftreten können, und entsprechend Veränderungen im Führungsverhalten unmöglich machen. In diesem Zusammenhang spielt die Einstellung der Meister zur Gruppenarbeit eine wichtige Rolle. Aus den Daten der schriftlichen Befragung läßt sich ersehen, daß die Durchschnittswerte der Einstellung der Meister zur Teamarbeit und der Wahrnehmung der Gruppenarbeit als eine Möglichkeit zur Lösung betrieblicher Probleme erheblich niedriger liegen als die entsprechenden Werte der direkten Mitarbeiter. Mit der Einführung der Gruppenarbeit bleibt diese Werteverteilung unverändert. Die Einstellungen der Meister zu beiden Meßzeitpunkten sind insgesamt von durchschnittlicher Höhe (mit Ausnahme der unterdurchschnittlich ausgeprägten Einstellung zur Gruppenarbeit im Produktionsbereich 1 zum ersten Meßzeitpunkt).

Diese Daten geben einige Hinweise auf das Vorhandensein von Widerständen: Die oben angegebenen Werte stellen Durchschnittswerte dar, sie erlangen besonderes Gewicht vor dem Hintergrund der Verzerrung solcher Selbstbeurteilungen im Sinne sozialer Erwünschtheit als Ausdruck einer Soll-Einstellung (Kap. 4.3.1). Bezieht man hier die allgemeine Zentralität der unteren Führungsebene bei der Einführung von Gruppenarbeit mit ihrer Steuerungs- und Unterstützungsfunktion ein (Kap. 2.1.3.2), so ließen sich an dieser Stelle höhere Werte erwarten. Ein Meister, der die Gruppenarbeit nicht als Mittel zur Lösung betrieblicher Probleme ansieht und Teamarbeit allgemein skeptisch gegenübersteht sieht womöglich auch keinen Grund, mit der Gruppenarbeit auch sein Führungsverhalten zu ändern.

Im Zusammenhang mit den diskutierten Widerständen kann als weitere Interpretation der Nichtbestätigung der Hypothese 2 die bereits unter Kapitel 6.1 angemerkte Kürze des Untersuchungszeitraumes angesehen werden. Einerseits könnte hierdurch die vollständige Installation der Arbeitsgruppen nicht gewährleistet sein, andererseits können mit der Einführung der Gruppenarbeit Widerstände der Meister gegen die neue Arbeitsform entstanden sein, die sich in den sieben Monaten Untersuchungszeitraum nicht abbauen lassen konnten (Kap. 2.2.4.1). Die Gruppenarbeitseinführung ist mit einigem Aufwand an Umorganisation in den Produktionsbereichen verbunden, wodurch ein unmittelbarer Nutzen der Arbeitsform in dieser Phase für die Meister nicht erkennbar gewesen sein mochte. Das Erkennen des Nutzens der Gruppenarbeit stellt eine der in den Interviews genannten (Kap. 5.5.2) Bedingungen dar, an die eine Verhaltensänderung geknüpft ist.

Darüberhinaus waren die Meister im betrieblichen Alltag des Untersuchungszeitraums, d. h. der Einführungsphase der Gruppenarbeit, einer Reihe von außergewöhnlichen Belastungen ausgesetzt: Neben der Bewältigung der üblichen Fertigungsaufträge waren dies Mehrarbeit durch die Umorganisation der Bereiche (Kap. 3.3.2 und 2.1.3.2) und die allgemein etwas schwierige Lage des Werkes (Kap. 3.2), die die Wahrnehmung von Führungsaufgaben allgemein eingeschränkt haben mögen. Außerdem ist es fraglich, ob eine Verhaltensänderung wie die Veränderung des Führungsverhaltens, die allgemein als relativ langwieriger Prozeß angesehen werden kann (Kap. 2.2.4), sich in dem sieben Monate dauernden Untersuchungszeitraum überhaupt hätte vollziehen können.

Unter diesen Umständen fehlte den untersuchten Meistern möglicherweise die Zeit zur Wahrnehmung von Führungsaufgaben, insbesondere der Maintenance-Führungsfunktion. Für diese Interpretation sprechen auch die nahezu gleichbleibenden (Produktionsbereich 1) oder sogar abnehmenden (Produktionsbereich 2) Werte der Performance-Führungsfunktion (siehe Anhang 15 und 16).

Die untersuchten Produktionsbereiche unterscheiden sich in den Untersuchungsergebnissen zur Hypothese 2 nicht unwesentlich (Anhang 15 und 16). In Produktionsbereich 1 erhöhten sich die Werte der Maintenance-Führungsfunktion ebenso wie die der Performance-Funktion leicht. Im Produktionsbereich 2 nahmen beide Führungsfunktionen in erheblichem, wenn auch nicht signifikanten Ausmaß ab.

Die gleichen Tendenzen lassen sich für die Skala Kommunikation und Information feststellen. Als Interpretation hierzu ist auffällig, daß zum Zeitpunkt der zweiten Erhebung hier bereits eine Anzahl von Tätigkeiten in die Gruppe integriert waren, die für die Meister des Bereiches eine Entlastungsfunktion darstellen (Kap. 3.4.4.1). Dies spricht für die oben erwähnte Abhängigkeit der Ausprägungen der Führungsfunktionen von den in den Bereichen zu bewältigenden sonstigen Aufgaben.

Als Interpretation der entsprechend der Annahmen der Hypothese ausgebliebenen Veränderung der Performance-Führungsfunktion wird der bereits in der Hypothesenformulierung erwähnte Programmdruck angeführt, der in Einzel- und Gruppenarbeitsituation gleichbleibend hoch ist.

Die Ergebnisse zur Hypothese 2 lassen m. E. auch Rückschlüsse auf die Form der in den Bereichen eingeführten Gruppenarbeit zu. Im Hinblick auf die (noch) nicht vollständige Umsetzung der Gruppenarbeitsplanung zum zweiten Meßzeitpunkt ließe sich behaupten, daß sich sehr wohl die Tätigkeitsspielräume (vgl. die integrierten Tätigkeiten in Tab. 4 und 5) der direkten Mitarbeiter in den Arbeitsgruppen erweitert haben. Aufgrund des unveränderten Führungsverhaltens, welches Partizipation an Entscheidungen ermöglichen (Kap. 2.1.3.2) und Selbstorganisation unterstützen könnte (Kap. 2.2.3.3), haben möglicherweise aber kaum die Entscheidungsspielräume der direkten Mitarbeiter in den Arbeitsgruppen zugenommen. Sofern sich diese Behauptung allein aus dem unverändert gebliebenen Führungsverhalten folgern läßt, und nicht, wie noch zu zeigen ist, Störvariablen eine solche Aussage einschränken, kann an dieser Stelle erneut darauf hingewiesen werden, daß die Integration bestimmter Tätigkeiten an sich schon eine Erweiterung des Entscheidungsspielraumes mit sich bringen (Kap. 3.3.3). Darüber hinaus handelt es sich möglicherweise bei dieser zum zweiten Meßzeitpunkt herrschenden Gruppenarbeitsorganisationsform bezüglich des Entscheidungsspielraumes um ein Durchgangsstadium.

Neben diesen von der tatsächlich ausgebliebenen Veränderung des Führungsverhaltens ausgehenden Interpretationen besteht auch die Möglichkeit, daß sich das Führungsverhalten der Meister in der Einführungsphase verändert hat, Störvariablen bei der Messung des Verhaltens jedoch Veränderungen verdecken. So ist es möglich, daß sich während des Einführungszeitraums der Gruppenarbeit die Erwartungen der Mitarbeiter an ein unterstützendes Führungsverhalten erhöht haben und die Einschätzungen des Führungsverhaltens der Meister eine Verzerrung dahingehend erfuhren, daß ein tatsächlich verstärkt ausgeübtes Maintenance-Verhalten der Meister nicht wahrgenommen und bewertet wurde.

Hierfür sprechen die zumindest in Produktionsbereich 2 leicht gestiegenen Selbsteinschätzungswerte der Maintenance-Führungsfunktion der Meister, die mit den abfallenden Werten der Fremdbeurteilung einen leichten, statistisch nicht signifikanten Schereneffekt aufweist (siehe Anhang 17 und 18). Die Meister des Produktionsbereiches 2 werden also von den Mitarbeitern als weniger Maintenance-führend eingeschätzt, sie selbst beurteilen sich in leicht verstärktem Maße als maintenance-führend.

Ob mit der Gruppenarbeitseinführung Erwartungen der direkten Mitarbeiter an eine Veränderung des Führungsverhaltens der Meister verknüpft sind, ist fraglich. Die Ergebnisse der Interviews liefern diesbezüglich keine Belege.

Ein weiterer, für einen tatsächlich stattgefundenen Veränderungsprozeß sprechender Punkt liegt in der Möglichkeit, daß die direkten Mitarbeiter durch die Gruppenarbeit ein hohes Maß an gegenseitiger Unterstützung erfahren, die sie in der Bewertung der Meister dahingehend beeinflussen, daß Maintenance-Führung weniger stark wahrgenommen und bewertet wird.

Die erheblichen Differenzen zwischen Selbst- und Fremdeinschätzung (siehe Anhang 17 und 18) können mit der konfundierten Soll- und Ist-Beschreibung des Führungsverhaltens (Kap. 4.3.1), wie sie von Misumi belegt wird (1990, S. 298), erklärt werden.

6.3 Resümee

In der vorliegenden Arbeit wurden die Veränderungen in Aufgaben und Funktion der unteren Führungsebene aufgezeigt, die durch die Einführung von Gruppenarbeit im Sinne des Konzeptes der europäischen Lean Production entstehen. Die neu definierte Führungsaufgabe der Meisterebene fand dabei besondere Beachtung. Sie stellt das zentrale Kriterium für den Bedeutungswandel der Ebene in der Untersuchung dar. Aus den besonderen Anforderungen der Gruppenarbeit an das Führungsverhalten der Meisterebene wurde Misumis Konzept der Maintenance-Führung als notwendige Bedingung erfolgreichen Führungsverhaltens in der Gruppenarbeit abgeleitet.

Es wurden Problembereiche des Funktionswandels der Meisterebene diskutiert und ein Anpassungsvorgang des Führungsverhaltens postuliert, der sich mit der Einführung der Gruppenarbeit in arbeitsteilig organisierte Produktionsbereiche vollzieht.

Mit der Untersuchung werden empirische Belege zur Frage der Führung in neuen Formen der Gruppenarbeit geliefert, die einerseits aufzeigen, wodurch sich erfolgreiches Führungsverhalten in der Gruppenarbeit auszeichnet und andererseits die Anpassung des Führungsverhaltens an spezielle Umgebungsanforderungen hinterfragen.

Die Ergebnisse der Feldstudie sollten als ein erster Ansatz zur Aufklärung des Verhältnisses von neuen Formen der Arbeitsorganisation und der Meisterebene mit ihrem Führungsverhalten gewertet werden. Es konnte gezeigt werden, daß erfolgreiche Führung in der Gruppenarbeit sich eindeutig durch Merkmale auszeichnet, die mit der Maintenance-Führungsfunktion charakterisiert werden können, also eine mitarbeiterorientierte, unterstützende Funktion haben.

Mit der Untersuchung wurden Anspruch und Wirklichkeit von Führungsverhalten in der betrieblichen Praxis gegenübergestellt. Die Untersuchungsergebnisse und ihre Interpretationen lassen etwas von der in Kapitel 1.2 angesprochenen "pathologischen Divergenz" zwischen offizieller Befürwortung der Gruppenarbeit und entgegengesetztem Handeln auf der unteren Führungsebene erkennen.

Der Anspruch an ein der Gruppenarbeit angemessenes Führungsverhalten seitens der Mitarbeiter und des Managements ist in den Ergebnissen klar erkennbar. Auch die Meister beanspruchen für sich, den neuen Formen der Arbeitsorganisation in ihrem Führungsverhalten gerecht zu werden, Selbstbeurteilungen und Äußerungen in den geführten Interviews belegen dies. Dieser Anspruch, der als Äußerung im Rahmen einer allgemeinen Befürwortung der Gruppenarbeit gesehen werden muß, steht in krassem Widerspruch zu den Bewertungen des tatsächlichen Führungsverhaltens der Meister durch die direkten Mitarbeiter. Folgt man der Argumentation von Bungard & Antoni (1993, S. 378), so ist das hier ersichtliche Lippenbekenntnis der Meister zur Gruppenarbeit vorwiegend das Resultat "individualistischer" Organisationsstrukturen. Meines Erachtens liegt ein weiterer Anteil an diesem Problem bei den Meistern selbst.

Aus organisationspsychologischer Perspektive kann durch diese Untersuchung gezeigt werden, daß eine verhältnismäßig groß angelegte Intervention wie die Einführung von Gruppenarbeit im vorliegenden Fall in ihrem Erfolg von den Einstellungen und dem Verhalten einzelner Akteursgruppen abhängig sein kann. Die Meisterebene nimmt in der Gruppenarbeitseinführung eine zentrale Stellung ein, die auf den Prozeß der Gestaltung der Arbeit in Gruppen erheblichen Einfluß hat.

Die Frage, ob die Meisterebene in der Gruppenarbeit überhaupt noch eine Funktion erfüllt, die in Kapitel 2.1.3. poiniert gestellt wurde, läßt sich mit den Ergebnissen der Untersuchung dahingehend beantworten, daß die Meisterebene in der Gruppenarbeit ihre zentrale betriebliche Bedeutung einerseits beibehält, aber andererseits durch das neue Aufgabenprofil auch einen Bedeutungswandel erfährt.

In diesem Zusammenhang ist an mehreren Stellen deutlich gezeigt worden, daß die Einführung neuer Formen der Arbeitsorganisation wie der Gruppenarbeit für die Meister sowohl als Gefahr der Einbuße von Macht als auch als Chance beruflicher Entwicklung gesehen werden kann. Die individuelle Wahrnehmung der Perspektiven, die sich mit der Gruppenarbeit für den einzelnen Meister ergeben, ist in einem hohen Maße abhängig davon, inwiefern der Meister bereit ist, sein Verhalten den neuen Anforderungen entsprechend flexibel zu gestalten und sich in seiner Position in Frage zu stellen.

Vor diesem Hintergrund werfen die Ergebnisse der Untersuchung auch auf die Frage der Dauer des Einführungsprozesses der Gruppenarbeit in seiner Abhängigkeit vom Führungsverhalten des Meisters ein neues Licht. Der Einfluß von Arbeitssituation und Trainings im Rahmen des betrieblichen Entwicklungsprogrammes bewegte die Meister (in den Bewertungen der Mitarbeiter) innerhalb des siebenmonatigen Untersuchungszeitraumes nicht zu einer Veränderung des Führungsverhaltens. Die mit der Einführung von Gruppenarbeit verbundenen Prozesse der Verhaltensänderung sind im Gegensatz zu den technischen und organisatorischen Veränderungsprozessen offensichtlich ungleich langwieriger.

Die im folgenden Kapitel dargestellten Überlegungen versuchen die Ergebnisse der vorliegenden Untersuchung in Form praktischer Implikationen für die Förderung solcher Veränderungsprozesse auf der unteren Führungsebene auszuwerten.

6.4 Praktische Implikationen

Auf der Grundlage der Untersuchungsergebnisse können einige Empfehlungen für die betriebliche Praxis gegeben werden. Die praktischen Implikationen der Untersuchung beziehen sich dem Forschungsthema entsprechend vor allem auf die untere Führungsebene. Die Handlungsempfehlungen sollten im Sinne einer Sammlung von Ideen verstanden werden, in der auf bereits im untersuchten Betrieb stattfindende Maßnahmen und die möglicherweise nicht unmittelbare Umsetzbarkeit der Vorschläge nur begrenzt Bezug genommen wird. Einige der Maßnahmen sind im Betrieb bereits umgesetzt worden. Die Handlungsempfehlungen sind im Text kursiv gedruckt. Es sei angemerkt, daß die aus den praktischen Implikationen der Untersuchungsergebnisse abgeleiteten Handlungsempfehlungen keinen Anspruch auf allgemeine Wirksamkeit und Gültigkeit haben. Die diesbezüglichen Grenzen der Empfehlungen werden so weit als möglich aufgezeigt.

6.4.1 Zentralität der unteren Führungsebene bei der Einführung von Gruppenarbeit

Die Meisterebene ist bei der Einführung von Gruppenarbeit in der industriellen Produktion von zentraler Bedeutung. *Mit der Planung der Gruppenarbeit sollten auf der unteren Führungsebene Perspektiven der Entwicklung angeboten werden*, um der Entstehung von Widerständen gegen die Einführung von Gruppenarbeit vorzubeugen. Für die Meisterebene sollten in dem Prozeß der Umstrukturierung ebenfalls Chancen erkennbar werden, wie sie für die Ebene der direkten Mitarbeiter als Vorteile der Gruppenarbeit (individuelle Höherqualifizierung, Vergrößerung des Handlungsspielraumes etc.) in der betrieblichen Praxis häufig thematisiert werden. Auf diese Weise könnte sich die Entstehung von pseudopartizipativen Strukturen, Zukunftsängsten von Meistern und daraus resultierende Widerstände einschränken lassen.

In diesem Sinne bemerkte einer der Meister in den Interviews (Anhang 5): "Wenn ich mich als Meister in der Gruppenarbeit überflüssig gemacht habe, möchte ich eins raufkommen."

Inwiefern die Meisterebene durch das Angebot von Entwicklungschancen zu einer Akzeptanz des Konzeptes der Gruppenarbeit und der damit einhergehenden Veränderungen tatsächlich bewegt werden kann, muß der spezifisch praktische Fall zeigen.

6.4.2 Zentralität des Führungsverhaltens der Meister

Personalführung zählt in der Gruppenarbeit in verstärktem Maße zu den Funktionen der Meisterebene. Ein der Gruppenarbeitssituation angemessenes Führungsverhalten entscheidet mit über den Erfolg der Einführung.

Auf den Ebenen der direkten Mitarbeiter und Meister sollte mit den ersten Schritten der Planung der Gruppenarbeit das Thema der Führung zur Diskussion gestellt werden. Hierdurch soll es zunächst in diskursiver Form als Thema in der Gruppenarbeit präsent werden. Den Meistern kann so die Identifikation mit der neuen Führungsaufgabe ermöglicht werden. Ebenso kann auf diese Weise die Wahrnehmung eines der Gruppenarbeit förderlichen Führungsstils unterstützt werden. Ein möglicher Rahmen hierfür sind Seminare eines Entwicklungsprogrammes der unteren Führungsebene.

Ein generelles Problem bei der Durchführung von Maßnahmen der Personalentwicklung ist die Frage des Transfers des Gelernten in die betriebliche Praxis. Es ist an verschiedener Stelle der Arbeit aufgezeigt worden, daß diesbezüglich u. a. die Bedingungen des näheren Arbeitsumfeldes der Meister einschränkend wirken können.

6.4.2.1 Entwicklungsprogramm der unteren Führungsebene

Neben fachlichen Kompetenzen zur Gruppenarbeit sollte das Entwicklungsprogramm der unteren Führungsebene vor allem *methodische und soziale Kompetenzen für die Gruppenarbeit vermitteln.*

Die Veränderungsprozesse auf der unteren Führungsebene sind heterogen (siehe Kap. 5.1), entsprechend wird sich der individuelle Bedarf an Entwicklungsmaßnahmen verhalten. Die Konsequenzen für die individuelle Spezifität einer Intervention sind vielschichtig: Einerseits sollte individuell genug geschult werden, *um einzelnen Meistern Entwicklungschancen zu ermöglichen,* andererseits sollte in den Schulungen etwas von dem "individualistischen Erbe" (Bungard & Antoni 1993, S. 397) des Taylorismus überkommen werden, d. h. *es sollte Teamgeist und Gruppenerfolg erlebbar gemacht werden.*

Die Zielsetzung eines solchen Entwicklungsprogrammes von Meistern sollte (neben fachlichen Zielen, die hier außer acht gelassen werden) in der Erweiterung der Verhaltensvariabilität in Führungssituationen, einer Selbst-Fremdbildangleichung im Führungsverhalten und allgemein in der Erlangung eines partnerschaftlichen Verhältnisses zum Mitarbeiter bestehen. *Insgesamt sollten die Meister zu einer Neudefinition ihrer Rolle in der Gruppenarbeit gelangen, in der die langjährigen Arbeits- und Sozialbeziehungen der Meister Berücksichtigung finden sollten.*

6.4.2.2 Inhalte und Methoden eines Entwicklungsprogammes

Das individuelle Erkennen von Diskrepanzen in Selbst- und Fremdwahrnehmung des Führungsverhaltens könnte den Ausgangspunkt eines Führungstrainings im Entwicklungsprogramm darstellen. In einem nächsten Schritt sollte dann versucht werden, die Diskrepanzen in Übereinstimmung zu bringen. Die Erlangung eines flexiblen Zugriffs auf unterschiedliche Führungsverhaltensmodi sollte dabei im Vordergrund stehen, wobei die Fähigkeit zur Ausübung der Maintenance-Führungsfunktion unabdingbar sein sollte.

Darüber hinaus bieten sich noch eine Reihe weiterer Seminarinhalte an, die sich aus den Untersuchungsergebnissen für ein Entwicklungsprogramm der unteren Führungsebene ergeben. Zunächst sind hier, neben den im Schulungsprogramm des Betriebes bereits vorgesehenen Themen wie der Auseinandersetzung mit Gruppenentwicklungsprozessen (vgl. Kap 3.3.4.2), Fähigkeiten zur funktionalen Gestaltung von Konflikten und Problemen zu nennen, die in Verbindung mit Moderationsfähigkeiten vermittelt werden könnten. Der Meister wird in der Gruppenarbeit häufig vor der Aufgabe stehen, zwischen Konfliktparteien neutral moderierend vermitteln zu müssen.

Das Entwicklungsprogramm sollte einen geregelten Erfahrungsaustausch innerhalb der unteren Führungsebene beinhalten. Hier könnten Themen wie Führung in der Gruppenarbeit, Teamfähigeit der direkten Mitarbeiter oder Vertrauen und Delegation in Gruppendiskussionen behandelt werden. Auf diese Weise könnte eine Überprüfung der eigenen Wahrnehmung von Problemen am Gruppenkonsens stattfinden.

Ebenso sind methodische bzw. fachliche Unterstützungen sinnvoll: Inhalte diesbezüglich könnten Verhandlungstrainings (der Meister ist in der Gruppenarbeit auch Vermittler der Gruppe) oder Trainings von Managementfunktionen i. w. S. sein.

Methodisch sollten die Entwicklungsseminare eher auf ein eigenes Simulieren und Erleben der Arbeitssituation Gruppenarbeit als auf die rein theoretisch-rationale Aneignung der Inhalte ausgerichtet sein. Die Trainings könnten methodisch mit Gruppendiskussionen, Fallbeispielen und wiederholten gegenseitigen Einschätzungen des Führungsverhaltens der Teilnehmer unterstützt werden. *In Übungen mit Fallbeispielen sollte situationsadäquates Führungsverhalten für die Meister erfahrbar gemacht werden.*

Zusätzlich zu den eher auf Einstellungsvermittlung abzielenden Seminaren des Programmes *sollten im Hinblick auf eine angestrebte Verhaltensänderung der Meister begleitend zu den Planungs- und Umsetzungsaktivitäten zur Gruppenarbeit verschiedene Unterstützungen angeboten werden. Die Einrichtung von Meisterrunden stellt eine solche Möglichkeit dar, in einzelnen Fällen kann es sich hierbei auch um ein längeres coaching einzelner Meister handeln.*

6.4.3 Möglicher Machtverlust

Die ambivalente Situation der Meisterebene, einerseits eine Veränderung unterstützen zu müssen, die andererseits möglicherweise eine Einbuße von Macht und Einfluß mit sich bringt, sollte bei der Planung der Gruppenarbeit aufgearbeitet werden. Eine solche Aufarbeitung kann z. B. in einer *Thematisierung und Diskussion der zukünftigen Rolle der Meister im Rahmen des Entwicklungsprogrammes der unteren Führungsebene* bestehen. Insofern, als die Meisterebene den Dreh- und Angelpunkt bei der Einführung der Gruppenarbeit darstellt und die Gruppen auf alle möglichen Formen der Unterstützung von seiten der Meister angewiesen sind, stellt diese Empfehlung eine Möglichkeit dar, die mit der Umstrukturierung möglicherweise einhergehenden Widerstände produzierenden Ängste der Meister zu relativieren. *Sämtliche Interventionen sollten möglichst früh, bereits mit den ersten Informationen zur Planung der Gruppenarbeit beginnen,* um die Bildung von unrealistischen Ängsten zu vermeiden (vgl. Bungard & Antoni 1993, S. 399). Einschränkend hierzu ist allerdings zu bemerken, daß einige Interventionen (z. B. Moderationstrainings) möglicherweise nur im Zusammenhang mit den direkten Erfahrungen der Gruppenarbeit wirkungsvoll sind. Ohne bereits die Situation der Gruppenarbeit erlebt zu haben, ist der Transfer der Inhalte von Interventionen wahrscheinlich erschwert.

6.4.4 Die Bedeutung positiver Beispiele

Meister, die Gruppenarbeit als Entwicklungschance genutzt haben und einen der Gruppenarbeit angemessenen Führungsstil praktizieren, sollten als Identifikationsfiguren gefördert werden. Dieses Vorgehen hat zwei Vorteile: Zum einen wirkt es weniger bedrohlich, wenn diese Meister hervorgehoben und ihre Leistung und ihr Verhalten als beispielhaft dargestellt werden, als wenn direktive Verhaltensanweisungen von Seiten des Managements gegeben werden. Zum anderen wird unmittelbar deutlich, daß die Meister auch im neuen Arbeitssystem ihre Autorität wahren können (vgl. Antoni 1992b, S. 53). Hierzu bemerken Bungard & Antoni (1993, S. 400):

"Die Auswahl und das Training der Führungskräfte als strategischer Hebel zur Einführung der Gruppenarbeit ist [...] aufgrund des Multiplikatoreffektes von entscheidender Bedeutung."

Bei dieser Empfehlung ist zu bemerken, daß der Grad der Identifikation mit einem Meister eines spezifischen Produktionsbereiches möglicherweise durch die Verschiedenartigkeit anderer Bereiche begrenzt ist.

6.4.5 Gestaltung der Einführung von Gruppenarbeit auf der unteren Führungsebene

Die Einführung von Gruppenarbeit sollte auf der unteren Ebene so gestaltet werden, daß einerseits die *Beteiligung der Meister an der Planung und Umsetzung der Gruppenarbeit*, andererseits die *Wahrung der Interessen der Meister bei der Einführung der neuen Arbeitsform* gewährleistet wird. Eine ausreichend hohe Akzeptanz des Gruppenarbeitskonzeptes auf der unteren Führungsebene sollte dabei ein zentrales Anliegen darstellen.

Bei der Planung sollte über die Ursachen, Ziele und Zeitrahmen der Gruppenarbeitseinführung umfassend informiert werden.

Die Meisterebene sollte bei der Planung und Umsetzung der Gruppenarbeit zum Multiplikator des Systemwissens über die Produktion für die Gruppe werden. *Der Artikulation von Widerständen sollte bei der Planung besondere Aufmerksamkeit zukommen.* Die Diskussion von Widerständen und möglicherweise der Einbezug von Verbesserungsvorschlägen von seiten der Meister könnte die Akzeptanz des Planungskonzeptes erhöhen.

Die Planung sollte weiterhin für eine *ständige gegenseitige Rückkopplung von Meistern und Mitarbeitern außerhalb der arbeitsbezogenen Problemstellungen* Raum bieten. Ein möglicher Rahmen hierfür stellen die Gruppengespräche dar, die für Themen wie Probleme in der Zusammenarbeit, die Problemlösungskompetenz der Gruppe u. ä. geöffnet werden sollten. Solche offenen Kommunikationen könnten zur Förderung des Aushandlungsprozesses (Kap. 2.1.2.1) und des Dialoges von Meister und Mitarbeiter beitragen.

Weiterhin sollte auch über die Phase der Planungsteams hinaus (vgl. Kap. 3.3.2) eine *Einbindung der Meister in Projektgruppen* stattfinden. Hierdurch bestünde für den Meister die Möglichkeit, sich dauerhaft mit der Arbeit in Gruppen aus der Perspektive eines Gruppenteilnehmers auseinanderzusetzen. In Projektgruppen könnten Kompetenzen gewonnen werden, die Meister in ihren Arbeitsgruppen benötigen: Fähigkeit zur Teamarbeit, Moderation oder die zielorientierte Steuerung dynamischer Gruppenprozesse (vgl. Antoni 1992b).

Eine weitere Empfehlung in Anlehnung an Antoni ist die *Einrichtung eines Job-Rotation-Modells für Meister.*

"Es kommt immer noch vor, daß man in den Betrieben auf Meister trifft, die vor zwanzig oder dreißig Jahren für einen Arbeitsbereich bzw. einen Bandabschnitt eingestellt wurden und noch heute dort arbeiten, ohne andere Arbeitsbereiche kennengelernt zu haben." (1992b, S. 53).

Unter Job Rotation wird in diesem Zusammenhang der mit den Betroffenen in einem Personalentwicklungsgespräch gemeinsam vereinbarte und gegebenenfalls durch Schulungsmaßnahmen vorbereitete Wechsel in andere Arbeitsbereiche verstanden.

Bei der Planung sollte der *Unterstützung und Entlastung der Meisterebene von ihrer Pufferfunktion* (Kap. 2.1.3) besondere Bedeutung zukommen. Antoni (1992b) empfiehlt in diesem Zusammenhang, den Meister von der Schreibarbeit zu entlasten. Weiterhin sollte dem Meister für die Gestaltung der Qualifizierungen "seiner" Arbeitsgruppe Unterstützung in Form von umfassenden und aktuellen Informationen zur Entwicklungsplanung der direkten Mitarbeiter zur Verfügung gestellt werden.

Einschränkend ist hierzu anzumerken, daß die Meister möglicherweise mit der Übernahme eines Großteils der Verantwortung für die Installation der Gruppen in der Phase der Gruppenarbeitseinführung generell überfordert sind. Bereichsexterne Begleiter des Einführungsprozesses könnten hier eine Entlastungsfunktion erfüllen.

6.5 Ausblick

Die Untersuchung bewegt sich in einem weiten Forschungsfeld. Einerseits ist sie als Arbeit im Rahmen des Kontingenzansatzes der Führung zu sehen, der die Gruppenarbeit als spezifisch auf das Führungsverhalten der Meister wirkende Arbeitssituation in ihrer Gewichtung als kontingenten Faktor einschätzt. Andererseits leistet sie einen Beitrag zur Erforschung neuer Formen der Arbeitsorganisation und liefert empirische Belege für die Zentralität der unteren Führungsebene bei der Einführung von Gruppenarbeit. Zentrales Anliegen der Untersuchung war es hierbei, den vielschichtigen und teilweise engen Zusammenhang der beiden Forschungsthemen herauszustellen.

Diesem groß angelegten Rahmen entsprechend kann die vorliegende Arbeit einen breit gestreuten Bedarf weiterer Forschungsarbeit aufzeigen.

Zunächst ist hier eine detailliertere Aufklärung des untersuchten Kontingenzfaktors für das Führungsverhalten zu nennen. Die Untersuchungsergebnisse konnten die Arbeitsorganisationsform nicht eindeutig als kontingenten Faktor des Führungsverhaltens der Meister identifizieren. Die getroffene Auswahl relevanter Faktoren zur Bestimmung der Kontingenz stellen jedoch eine deutliche Einschränkung dar. Eine weiter gefaßte Analyse der Einflußfaktoren auf das Führungsverhalten der Meister wäre hier wünschenswert. Als Beispiele seien hierzu das Mitarbeiter-Meister-Verhältnis, die Organisationskultur und Situation des Betriebes oder die Formen unterschiedlicher Meistereien genannt.

Das in der Arbeit erstellte Konzept situationsspezifisch angemessener Führung in Gruppenarbeit bedarf darüber hinaus einer Validierung in weiteren Untersuchungen unterschiedlicher Arbeitssysteme.

Für den Forschungsbereich neuer Formen der Arbeitsorganisation stellt sich die Frage, ob und inwiefern sich die Meisterebene in der industriellen Produktion mit der weiteren, großflächigeren Einführung der Gruppenarbeit (wie sie u.a. im untersuchten Betrieb geplant ist) in Zukunft weiter entwickelt und die in der vorliegenden Arbeit gefundenen Ergebnisse verallgemeinerbar sind. Die Untersuchung eines Bedeutungswandels der unteren Führungsebene anhand einer möglichen Veränderung des Führungsverhaltens in größeren Zeitabständen würde in diesem Zusammenhang zu weiteren Erkenntnissen führen.

Vor dem Hintergrund der sich weiter in Richtung gruppenorientierter Arbeitsformen bewegenden Produktionswelt stellt die zukünftige Entwicklung der Bedeutung der unteren Führungsebene aus meiner Sicht ein wichtiges Thema sozialwissenschaftlicher Organisationsforschung dar.

7. Literaturverzeichnis

Antoni, C. H. (1988)
Probleme bei der Implementierung von Qualitäts-Zirkeln. Ein Überblick über empirische Forschungsbefunde. Zeitschrift für Arbeits- und Organisationspsychologie, 32 (N.F. 6), 2, 80-91.

Antoni, C. H. (1990)
Qualitätszirkel als Modell partizipativer Gruppenarbeit. Analyse der Möglichkeiten und Grenzen aus der Sicht der betroffenen Mitarbeiter. Bern: Huber.

Antoni, C. H. (1992a)
Gruppenarbeit - Ein Königsweg zu menschengerechterer Arbeit und höherer Produktivität? Mannheimer Beiträge zur Wirtschafts- und Organisationspsychologie, Themenschwerpunkt Gruppenarbeit, 1, 86-100.

Antoni, C. H. (1992b)
Meister im Wandel. Zur veränderten Rolle des Meisters bei der Einführung von Gruppenarbeit. Angewandte Arbeitswissenschaft, 134, 32-56.

Alioth, A. & Ulich, E. (1983)
Gruppenarbeit und Mitbestimmung am Arbeitsplatz. In Stoll, F. (Hrsg.), Arbeit und Beruf (S. 305-328). Weinheim: Kindler.

Altmann, N., Binkelmann, P., Düll, K. & Stück, H. (1982)
Die Grenzen neuer Arbeitsformen. Frankfurt/M.: Campus.

Auer, P. & Riegler, C. H. (1988)
Gruppenarbeit bei Volvo: Aktuelle Tendenzen und Hintergründe. Berlin: Arbetsmiljöfonden und WZB.

Bargmann, H. (1984)
Innovationshemmnis Industriemeister? Zeitschrift für Soziologie 1, 13, 45-59.

Bass, B. M. (1990)
Bass & Stogdill's Handbook of Leadership: Theory, Research and Managerial Applications. New York: Free Press.

Becker, H. & Langosch, L. (1990)
Produktivität und Menschlichkeit. Organisationsentwicklung und ihre Anwendung in der Praxis (3. Aufl.). Stuttgart: Enke.

Berggren, C. (1988)
Von der Arbeitsrotation zur qualifizierten Teamorganisation. Schwedische Erfahrungen mit neuen Arbeitsstrukturen in der Automobilmontage. In Roth, S. & Kohl, H. (Hrsg.), Perspektive: Gruppenarbeit (S. 243-258). Köln: Bund Verlag.

Blau, P. M. & Scott, R. W. (1962)
Formal Organizations: A Comparative Approach. San Francisco: Chandler Publishing.

7. Literaturverzeichnis

Blumer, H. (1979)
Methodologische Prinzipien empirischer Wissenschaft. In K. Gerdes (Hrsg.), Explorative Sozialforschung (S. 41-62). Stuttgart: Enke.

Bortz, J. (1984)
Lehrbuch der empirischen Forschung. Berlin: Springer.

Bortz, J. (1989)
Statistik für Sozialwissenschaftler (2. neu bearb. Aufl.). Berlin: Springer.

Brandstätter, H. (1989)
Stabilität und Veränderbarkeit von Persönlichkeitsmerkmalen. Zeitschrift für Arbeits- und Organisationspsychologie, 33 (N. F. 7), 12-20.

Breisig, T. (1988)
Betriebliche Sozialtechniken - Eine Herausforderung für die Interessensvertretung. In Roth, S. & Kohl, H. (Hrsg.), Perspektive: Gruppenarbeit (S. 56-67). Köln: Bund Verlag.

Bungard, W. (1990)
Führung im Lichte veränderter Mitarbeiterqualifikationen. In Wiendieck, G. & Wiswede, G. (Hrsg.), Führung im Wandel (S., 197-230). Stuttgart: Enke.

Bungard, W. & Antoni, C. H. (1993)
Gruppenorientierte Interventionstechniken. In Schuler, H. (Hrsg.), Lehrbuch Organisationspsychologie (S. 377-402). Bern: Huber.

Calder, B. J. (1977)
An Attribution Theory of Leadership. In Staw, B & Salancik, G. (Eds.), New Directions in Organizational Behavior (S. 179-204). Chicago: St. Clair.

Carlisle, H. M. (1976)
Management: Concepts and Situations. Chicago.

Chrapary, H. J. (1984)
Untersuchung zur deutschen Fassung des "Performance-Maintenance"-Instruments nach Misumi. Unveröff. Dipl. Arbeit. Technische Universität Berlin.

Dahrendorf, R. (1959)
Die Sozialstruktur des Betriebes. Wiesbaden: Gabler.

Dankbaar, B., Jürgens, U. & Malsch, T. (Hrsg.). (1988)
Die Zukunft der Arbeit in der Automobilindustrie. Berlin: Sigma.

Deutscher Industrie- und Handelstag (Hrsg.). (1986)
Industriemeister 2000. Profile einer Führungskraft in Gegenwart und Zukunft. Köln: Greven und Bechthold.

Duell, W. (1992)
Die neue Rolle des Vorgesetzten. Unveröff. Manuskript. Berlin.

Durand, C. & Touraine, A. (1979)
Die kompensatorische Rolle der Werksmeister. In Zündorf, L. (Hrsg.), Industrie- und Betriebssoziologie (S. 119-157) Darmstadt: Wissenschaftliche Buchgesellschaft.

Einsiedler H. E. (1986)
Werthaltungen von Führungskräften zu Partizipativen Veränderungsstrategien: Quality Circle - Lernstatt - Organisationsentwicklung. Franfurt/M: Lang.

Euler, H. P. (Hrsg.). (1987)
Neue Arbeitsstrukturen in der Elektroindustrie: Ergebnisse sozialwissenschaftlicher Untersuchungen. Frankfurt/M.: Campus.

Fiedler, F. E. (1964)
A Contingency Model of Leadership Effectiveness. In Berkowitz, L. (Ed.), Advances in Experimental Social Psychology, vol. 1, (pp. 149-190). New York: Academic Press.

Fischer, J. (1993)
Der Meister: Ein Arbeitskrafttypus zwischen Erosion und Stabilisierung. Frankfurt/M.: Campus.

Fischer, L. (Hrsg.). (1991)
Arbeitszufriedenheit. Beiträge zur Organisationspsychologie, Bd. 5. Stuttgart: Verlag für angewandte Psychologie.

Flanagan, J. C. (1954)
The Critical Incident Technique. Psychological Bulletin, 327-358.

Freimuth, J. (1988)
Der Industriemeister. Berufsstand zwischen Baum und Borke? Personal, Mensch und Arbeit, 1, 18-23.

Fricke, W. & Wiedenhofer, H. (1985)
Beteiligung im Industriebetrieb: Probleme des mittleren Managements. Frankfurt/M.: Campus.

Frieling, E. & Maier, W. (1980)
Analyse von Meister- und Vorarbeitertätigkeiten. Angewandte Arbeitswissenschaft, 86, 32-48.

Gebert, D. & Rosenstiel, L. v. (1992)
Organisationspsychologie (3. erw. Aufl.). Stuttgart: Kohlhammer.

Girschner-Woldt, J. (1986)
Beteiligung von Arbeitern an betrieblichen Planungs- und Entscheidungsprozessen. Das Tübinger Beteiligungsmodell. Frankfurt/M.: Campus.

Grob, R. (1992)
Teilautonome Arbeitsgruppen. Bilanz der Erfahrungen in der Siemens AG. Angewandte Arbeitswissenschaften, 134, 1-31.

Grunwald, W. & Lilge, H. G. (Hrsg.). (1980)
Partizipative Führung: Betriebswirtschaftliche und sozialpsychologische Aspekte. Bern: Haupt.

Grunwald, W. & Lilge, H. G. (1981)
Kooperation und Konkurrenz in Organisationen. Bern: Haupt.

Grunwald, W. & Redel, W. (1986)
Teamarbeit und Konflikthandhabung. Formen, Wirkungen, Gestaltungsmaßnahmen. Zeitschrift für Führung und Organisation, 55, 305-312.

Hacker, W. & Richter, P. (1984)
Psychische Fehlbeanspruchung. Berlin: Springer.

Hackman, J. R. & Oldham, G. R. (1980)
Work Redesign. Reading/Mass.: Addison.

Hellpach, W. (1922)
Gruppenfabrikation. Sozialpsychologische Forschung des Institutes für Psychologie an der Technischen Hochschule Karlsruhe (Bd. 1). Berlin: Springer.

Herrscht jetzt Anarchie? (1991)
Der Spiegel, 32, 92-97.

Hopf, C. & Weingarten, E. (Hrsg.). (1979)
Qualitative Sozialforschung. Stuttgart: Klett-Cotta.

Inglehart, R. (1977)
The Silent Revolution. Changing Values and Political Styles Among Western Publics. Princeton, NJ: Princeton University Press.

Interne Quellen I
Broschüren zur Public Relation und zur Mitarbeiterinformation des untersuchten Betriebes der Jahre 1992 und 1993. Berlin.

Interne Quellen II
a) Dokumentation eines Planungsteam-Trainings des untersuchten Betriebes des Jahres 1993. Berlin.

b) Betriebsinterne Unterlagen zur Planung und Umsetzung neuer Formen der Arbeitsorganisation der Jahre 1991, 1992 und 1993. Berlin.

Interne Quellen III
Informationsheft *Meister und Gruppenmeister - Führung im betrieblichen Bereich.* Ohne Datumsangabe. Berlin.

Interne Quellen IV
a) Betriebsvereinbarung über Pilotprojekte zur Gruppenarbeit. 1991. Berlin.

b) Protokolle der Sitzungen des Planungsteams des Produktionsbereiches 2 des untersuchten Betriebes. 1993. Berlin.

Interne Quellen V

    a) Bildungsprogramm des Betriebes *Kollegreihe Führungspraxis*. 1993. Berlin.

    b) Seminarbeschreibung Meisterkollegreihe. 1993. Berlin.

Janis, I. L. (1972)
Victims of Groupthink. A Psychological Study of Foreign Policy Decisions and Fiascoes. Boston, MA: Hougton Mifflin.

Jürgens, U., Malsch, T. & Dohse, K. (1985)
Neue Produktionskonzepte in bundesdeutschen Automobilbetrieben. Unveröff. Manuskript. Berlin.

Jürgens, U., Malsch, T. & Dohse, K. (1989)
Moderne Zeiten in der Automobilfabrik: Strategien der Produktionsmodernisierung im Länder- und Konzernvergleich. Berlin: Springer.

Kano, S. (1970)
An Interaction Between Group Structure and Leadership upon Group Effectiveness and Group Morale. Japanese Journal Of Educational Psychology 14, 944-971.

Katz, D. & Kahn, R. L. (1978)
The Social Psychology of Organizations. New York: Wiley.

Kern, H. & Schumann, M. (1984)
Das Ende der Arbeitsteilung? Rationalisierung in der industriellen Produktion. München: Beck.

Klebe, T. & Roth, H. (1988)
Selbststeuerung der Arbeit und neue Unternehmensstrategien. In Roth, S. & Kohl, H. (Hrsg.), Perspektive: Gruppenarbeit (S. 15-40). Köln: Bund Verlag.

Klein, J. & Posey, P. (1987)
Wie reagieren Meister auf neue Führungsmethoden? Harvard Manager 2, 28-30.

Klein, L. (1983)
Sozialwissenschaftliche Beratung in der Wirtschaft. Eine Einzelfallstudie. Stuttgart.

Kreikebaum, H. & Herbert, K. J. (1988)
Humanisierung der Arbeit. Arbeitsgestaltung im Spannungsfeld ökonomischer, technologischer und humanitärer Ziele. Wiesbaden: Gabler.

Kuckelkorn, W. (1988)
Wege zur Gruppenarbeitsorganisation. In Roth, S. & Kohl, H. (Hrsg.), Perspektive: Gruppenarbeit (S. 95-99). Köln: Bund Verlag.

Küntscher, R. R. (1984)
Führungsverhalten von Meistern. In Bundesminister für Forschung und Technologie (Hrsg.), Arbeitsgestaltung in der Serienfertigung: Erfahrungen aus einem Humanisierungsprojekt. Frankfurt/M.: Campus.

Lang, R. (1919)
Gruppenfabrikation. Daimler Werkzeitung, 1, 4-5.

Lawler, E.E. & Mohrmann, S. A. (1985)
Qualitätszirkel - nicht mehr als eine Modeerscheinung? Harvard Manager, 3, 33-39.

Lewin, K. (1963)
Die Feldtheorie in den Sozialwissenschaften. Bern: Huber.

Lewin, K., Lipitt, R. & White, R. K. (1939)
Patterns of Agressive Behavior in Experimentally Created Social Climates. Journal of Social Psychology, 10, 271-229.

Lienert, G. A. (1989)
Testaufbau und Testanalyse. Weinheim: Psychologie Verlags Union.

Lisch, R. & Kriz, J. (1978)
Grundlagen und Modelle der Inhaltsanalyse. Reinbek: Rowohlt.

Manske, F. (1987)
Mit PPS und CIM zum Ende der Meisterwirtschaft? In DGB Bundesvorstand/Abt. Angestellte (Hrsg.), Die Zukunft der Meisterberufe - gut vorbereitet. Dokumentation einer Bundesfachtagung des DGB Düsseldorf (S. 33-49). Düsseldorf.

McCall, M. W. (1976)
Leadership Research. Choosing Gods and Devils on the Run. Journal Of Occupational Psychology 49, 139-153.

Merton, R. K. & Kendall, P.l. (1979)
Das fokussierte Interview. In Hopf, C. & Weingarten, E. (Hrsg.), Qualitative Sozialforschung (S. 171-203). Stuttgart: Klett-Cotta.

Meuser, M. & Nagel, U. (1991)
ExpertInneninterviews - vielfach erprobt, wenig bedacht. In Garz, D. & Kramer, K. (Hrsg.), Qualitativ-empirische Sozialforschung: Konzepte, Methoden, Analysen (S. 441-471). Opladen: Westdeutscher Verlag.

Misumi, J. (1990)
The Behavioral Science of Leadership. Michigan: The University of Michigan Press.

Misumi, J. & Seki, F. (1971)
The Effects of Achievement Motivation on the Effectiveness of Leadership Patterns. Administrative Science Quarterly, 16, 51-59.

Moser, K. (1993)
Planung und Durchführung organisationspsychologischer Untersuchungen. In Schuler, H. (Hrsg.), Lehrbuch Organisationspsychologie (S. 71-128). Bern: Huber.

Müller, W. R. & Hill, W. (1980)
Die situative Führung. In Grunwald, W. & Lilge, H. G. (Hrsg.), Partizipative Führung: Betriebswirtschaftliche und sozialpsychologische Aspekte (S. 129-158). Bern: Haupt.

Muster, M. (1988)
Zum Stand der Gruppenarbeit in der Automobilindustrie der Bundesrepublik Deutschland. In Roth, S. & Kohl, H., Perspektive: Gruppenarbeit (S. 259-281). Köln: Bund Verlag.

Nachreiner, F. (1978)
Die Messung des Führungsverhaltens. Bern: Huber.

Neuberger, O. (1973)
Organisationsstruktur und Organisationsklima zur Beschreibung der Situation in Organisationen. Problem und Entscheidung, 10, 26-87.

Neuberger, O. (1976)
Führungsverhalten und Führungserfolg. Berlin: Duncker und Humblot.

Neuberger, O. (1977a)
Organisation und Führung. Stuttgart: Enke.

Neuberger, O. (1977b)
Arbeitszufriedenheit. Soll man sie messen? - Kann man sie messen? Personal, Mensch und Arbeit, 4, 143-158.

Neuberger, O. (1985)
Arbeit: Begriff - Gestaltung - Motivation - Zufriedenheit. Stuttgart: Enke.

Neuberger, O. (1990)
Führen und geführt werden (3. Aufl.). Stuttgart: Enke.

Parker, M. & Slaughter, J. (1988)
Choosing Sides. Unions and the Team Concept. Boston: Labour Notes.

Rahn, H. J. (1992)
Führung von Gruppen. Heidelberg: Sauer.

Rohmert, W. & Weg, F. J. (1976)
Organisation teilautonomer Gruppenarbeit. Betriebliche Projekte - Leitregeln zur Gestaltung. In Rationalisierungskuratorium der deutschen Wirtschaft (Hrsg.), Beiträge zur Arbeitswissenschaft, Reihe 1, Bd. 1. München: Hanser.

Rohrmann, B. (1978)
Empirische Studien zur Entwicklung von Antwortskalen für die sozialwissenschaftliche Forschung. Zeitschrift für Sozialpsychologie, 9, 222-245.

Rosenstiel, L. v. (1992)
Mitarbeiterführung in Wirtschaft und Verwaltung. München: Staatsministerium für Arbeit, Familie und Sozialordnung.

Rosenstiel, L. v. (1993)
Kommunikation und Führung in Arbeitsgruppen. In Schuler, H. (Hrsg.), Lehrbuch Organisationspsychologie (S. 321-353). Bern: Huber.

Rosenstiel, L. v. & Weinkamm, M. (Hrsg.). (1980)
Humanisierung der Arbeitswelt - Vergessene Verpflichtung? Stuttgart.

Roth, S. & Kohl, H. (Hrsg.). (1988)
Perspektive: Gruppenarbeit. Köln: Bund Verlag.

Sakamaki, Y. (1974)
The Effects of the Factors of Group Structure and the Degree of Task Performance on Group Members' Perceptions of Leadership Functions. The Japanese Journal Of Experimental Social Psychology,15, 139-146.

Scheinecker, M. (1988)
Neue Organisationskonzepte in der Automobilindustrie: Entwicklungstendenzen am Beispiel General Motors Austria. In Dankbaar, B., Jürgens, U. & Malsch, T. (Hrsg.), Die Zukunft der Arbeit der Arbeit in der Automobilindustrie (S. 167-184). Berlin: Sigma.

Schreyögg, G. (1973)
Führungsstil, Führungssituation und Effektivität. Zur Problematik des Fiedlerschen Kontingenzmodells. Arbeit und Leistung, 27, 2, 29-61.

Schreyögg, G. (1980)
Das Fiedlersche Kontingenzmodell der Führung: Eine inhumane Sozialtechnologie? In Grunwald, W. & Lilge, H. G. (Hrsg.), Partizipative Führung: Betriebswirtschaftliche und sozialpsychologische Aspekte (S. 162-168). Bern: Haupt.

Schuler, H. (Hrsg.). (1993)
Lehrbuch Organisationspsychologie. Bern. Huber.

Schumann, M., Baethge-Kinsky, V., Kuhlmann, M., Kurz, C. & Neumann, U. (1992)
Neue Arbeitseinsatzkonzepte im deutschen Automobilbau - Hat lean production eine Chance? SOFI-Mitteilungen, 19, 15-27.

Seel, C. (1990)
Fertigungsinseln als Arbeitsform der Zukunft? Eine Explorationsstudie zu den Möglichkeiten und Bedingungen der Realisierung von Fertigungsinseln und ihren Auswirkungen auf industrielle Strukturen von Kontrolle und Macht. Unveröffentl. Dipl. Arbeit. Freie Universität Berlin.

Seidel, E. (1980)
Die betriebliche Effizienz direktiver und kooperativer Führungsformen. In Grunwald, W. & Lilge, H. G. (Hrsg.), Partizipative Führung: Betriebswirtschaftliche und sozialpsychologische Aspekte (S. 210-229). Bern: Haupt.

Staehle, W. H. (1991)
Management. Eine verhaltenswissenschaftliche Perspektive (6. Auflage). München: Vahlen.

Steinle, K. (1980)
Zur Implementation partizipativer Führungmodelle. In Grunwald, W. & Lilge, H. G. (Hrsg.), Partizipative Führung: Betriebswirtschaftliche und sozialpsychologische Aspekte (S. 286-313). Bern: Haupt.

Stogdill, R. M. (1979)
Handbook of Leadership. New York: Free Press.

Strasmann, J. (1986)
Qualitätszirkel und die sogenannten "neuen Formen der Arbeitsorganisation". In Bungart, W. & Wiendieck, G. (Hrsg.), Qualitätszirkel als Instrument zeitgemäßer Betriebsführung (S. 89-99). Landsberg am Lech: Verlag Moderne Industrie.

Stürzl, W. (1992)
Lean Production in der Praxis: Spitzenleistungen durch Gruppenarbeit. Paderborn: Junfermann.

Tannenbaum, R. & Schmidt, W. H. (1958)
How to Choose a Leadership Pattern. Harvard Business Review, 95-101.

Trist, E. L. & Bamforth, K. W. (1951)
Some Social and Psychological Consequences of the Long Wall Method of Coal Getting. Human Relations, 4, 3-38.

Ulich, E. (1977)
Zum Begriff der autonomen Gruppen. In Maier, N. (Hrsg.), Teilautonome Arbeitsgruppen. Möglichkeiten und Grenzen eines Modells zur Humanisierung der Arbeit (S. 9-14). Meisenheim a. d. Glan: Hain.

Ulich, E. (1983)
Alternative Arbeitsstrukturen - dargestellt am Beispiel der Automobilindustrie. Zeitschrift für Arbeits- und Organisationspsychologie, 27, 2, 70-78.

Ulich, E. (1991)
Arbeitspsychologische Konzepte für den Einsatz neuer Technologien. Unveröff. Vortragsskript. Berlin.

Waidelich, U. & Scheurer, S. (1992)
Gruppenarbeit - die Inflation eines Begriffs. Ein empirischer Vergleich von Effekten unterschiedlicher Arbeitsstrukturen. In Mannheimer Beiträge zur Wirtschafts- und Organisationspsychologie, Themenschwerpunkt Gruppenarbeit, 1, 144-155.

Wall, T. D. & Lischeron, J. A. (1980)
Zum Begriff der Partizipation. In Grunwald, W. & Lilge, H. G. (Hrsg.), Partizipative Führung (S. 73-78). Bern: Haupt.

Watson, G. (1975)
Widerstand gegen Veränderungen. In Bennis, W. G., Benne, K. D. & Chin, R. (Hrsg.), Änderung des Sozialverhaltens (S. 415-429). Stuttgart.

White, R. K. & Lipitt, R. (1960)
Autocracy and Democracy: An Experimental Inquiry. New York: Harper.

Wilpert, B. (1977)
Führung in deutschen Unternehmen. Berlin: De Gruyter.

Wilpert, B. (1984)
Führungsforschung a la Japonaise. Zeitschrift für Arbeits- und Organisationspsychologie, 28, 39-40.

Wilpert, B. (1992)
Hochschule und Arbeitswelt. Management Zeitschrift, 61, 57-58.

Witzel, A. (1982)
Verfahren der qualitativen Sozialforschung. Überblick und Alternativen. Frankfurt/M.: Campus.

Wolf, K. P. (1989)
Eine starke Gruppe. Der Gewerkschafter, 1, 26-27.

Womack, J. P., Jones, D. T. & Roos, D. (1991)
Die zweite Revolution in der Automobilindustrie - Konsequenzen aus der weltweiten Studie des Massachusetts Instutute of Technology. Frankfurt/M.: Campus.

Wunderer, R. & Grunwald, W. (1980)
Führungslehre. Bd. 1 und 2: Grundlagen der Führung. Berlin: De Gruyter.

Zink, K. & Schick, G. (1987)
Quality Circles: Grundlagen. München: Hanser.

8. Verzeichnis der Abbildungen und Tabellen

Abbildungen

	Seite
1. Handlungsspielraum und Arbeitsorganisation	8
2. Misumis Modell der kausalen Prozesse und Bedingungsfaktoren von Führung	26
3. Modell zum Zusammenhang von Führungsverhalten und Gruppenleistung	34
4. Untersuchungsplan	57
5. Interviewleitfaden	59
6. Kategorienschema der Interviewauswertung	61
7. Untersuchungsgruppen	72
8. Interviewergebnisse 1	83
9. Interviewergebnisse 2	84

Tabellen

	Seite
1. Tätigkeits-Zeitverteilung für Meister in Einzelfertigung	14
2. Forschungsrahmen der PM-Theorie	23
3. Führungssituation und Erfolgskriterien	28
4. Beschreibung Produktionsbereich 1	54
5. Beschreibung Produktionsbereich 2	55
6. Fragebogenrückläufe der Erhebungen	73
7. Darstellung der Stichproben	73
8. Ergebnisse Selbstbeurteilungsversion	90

9. Verzeichnis der Anhänge

	Anhang
Ergebnisse der Interviews	
Management 1	1
Management 2	2
Management 3	3
Meister 1	4
Meister 2	5
Meister 3	6
Direkter Mitarbeiter	7
Fragebögen	
Fragebogen der ersten Erhebung	8
Performance- und Maintenance-Skalen der Meister-Version	9
Deckblatt des Fragebogens der zweiten Erhebung	10
Aushänge	
Ankündigung der Informationsveranstaltung für die Erhebung im Produktionsbereich 1	11
Aushänge für die Nachfragen der ersten und zweiten Erhebung	12
Ergebnisse der Untersuchungen zur Testgüte	
Meßzeitpunkt 1	13
Meßzeitpunkt 2	14
Deskriptive Ergebnisse	
Meßzeitpunkt 1	15
Meßzeitpunkt 2	16
Differenzen Selbst/Fremdeinschätzung: Performance	17
Differenzen Selbst/Fremdeinschätzung: Maintenance	18

Anhang 1

	Nennungen	Häufig-keiten
1. Position der Befragten	Management 1	
2. Erfolgreiche Führung in Gruppenarbeit Verhaltensweisen/ Kompetenzen von Meistern in Gruppenarbeit	- fachliche, soziale und methodische Kompetenzen - Offenheit in der Wahrnehmung von Gruppen-prozessen - Expertenwissen weitergeben - sensibel sein in der Zusammenarbeit, Verständnis - "wir-Gefühl" - delegativer Führungsstil - Lernerfahrungen machen	2
3. Veränderungen im Meisterverhalten durch die Gruppenarbeit Probleme bei der Veränderung von Meisterverhalten Anpassung des Verhaltens an die Gruppenarbeit	- Veränderung der Einstellung des Meisters zur Gruppenarbeit ist entscheidend für Verhaltens-änderung - Nicht durch Training selbst, sondern durch die Zusammenarbeit mit dem Mitarbeiter ist Veränderung des Meisterverhaltens möglich - Mitarbeiter stellt ein Korrektiv des Führungsstils des Meisters dar - Der Verlauf der Arbeit unterstützt Veränderungen	2

Anhang 2

	Nennungen	Häufig-keiten
1. Position der Befragten	Management 2	
2. Erfolgreiche Führung in Gruppenarbeit Verhaltensweisen/ Kompetenzen von Meistern in Gruppenarbeit	- inhaltliche Kompetenz zur Gruppenarbeit - Interesse, Aktivität, Weiterlernen in der Gruppenarbeit - soziale Fähigkeiten - Meister muß in Gruppenarbeit so sein, wie er wirklich ist, so ist er für alle berechenbar - kein nur vordergründiges Annehmen der Gruppenarbeits-Idee	2
3. Veränderungen im Meisterverhalten durch die Gruppenarbeit Probleme bei der Veränderung von Meisterverhalten Anpassung des Verhaltens an die Gruppenarbeit	- Regelung der Gruppenbefugnisse: bei einem machthungrigen Meister z. B. muß eher ein starkes Regelwerk in der Gruppenarbeit aufgestellt werden - persönlicher Mechanismus in der Lösung der Aufgabenstellung muß sich ändern - abhängig von Arbeitsstrukturen - abhängig vom Gruppenerfolg	

Anhang

Anhang 3

	Nennungen	Häufig keiten
1. Position der Befragten	Management 3	
2. Erfolgreiche Führung in Gruppenarbeit Verhaltensweisen/ Kompetenzen von Meistern in Gruppenarbeit	- prozeß- und teamorientiertes Denken - Fähigkeit, mit Widerständen umzugehen - Teamgedanken an die Mitarbeiter vermitteln können - Durchhaltevermögen, Mut - Toleranz - Offenheit im Umgang mit anderen - Flexibilität im Führungsverhalten, manchmal loslassen können - Mitarbeiter in die Diskussion von Problemen einbeziehen - partnerschaftlicher Umgang mit dem Mitarbeiter - dem Mitarbeiter Vertrauensvorschuß geben - Macht abgeben - sich selbst einbringen, sich als Mensch darstellen - Probleme zugeben	2 2 2
3. Veränderungen im Meisterverhalten durch die Gruppenarbeit Probleme bei der Veränderung von Meisterverhalten	- die Meister werden an eine Sache herangeführt, die noch garnicht da ist - das neue Verhalten wird im täglichen Umgang noch nicht abgefordert, das macht den Meister unsicher - Abgeben von Macht, die mühselig erkämpft wurde, ist mit Ängsten verbunden - Zurückhalten von Wissen, um Machtpositionen zu sichern - gesellschaftliches Umfeld stützt die Veränderung nicht	
Anpassung des Verhaltens an die Gruppenarbeit	- abhängig von der Situation in der Gruppenarbeit, Veränderung ist nur durch persönliches Erleben von Teamgeist möglich - der Meister muß erkennen, daß sich etwas verändert hat	

Anhang 4

	Nennungen	Häufig-keiten
1. Position der Befragten	Meister 1	
2. Erfolgreiche Führung in Gruppenarbeit Verhaltensweisen/ Kompetenzen von Meistern in Gruppenarbeit	- menschliche Probleme lösen - menschliche Kommunikation - Auf die verschiedenen Charaktere in der Gruppe eingehen können - Konflikte abbauen - kooperativ sein, nicht "von oben herab" handeln	2
3. Veränderungen im Meisterverhalten durch die Gruppenarbeit Probleme bei der Veränderung von Meisterverhalten Anpassung des Verhaltens an die Gruppenarbeit	Keine Angaben Keine Angaben	

Anhang 5

	Nennungen	Häufig-keiten
1. Position	Meister 2	
2. Erfolgreiche Führung in Gruppenarbeit Verhaltensweisen/ Kompetenzen von Meistern in Gruppenarbeit	- Verantwortung dem Mitarbeiter übergeben - keine Einzelkämpfer-Mentalität - Mehr Betreuung, kümmern um Probleme von Mitarbeitern - Mitarbeiter zur Gruppenfähigkeit erziehen, fördern - Mitarbeiter weiterbilden, Wissen stückchenweise übertragen - führen wie ein Bindeglied innerhalb der Gruppe - sich in Gruppe einfügen können - kooperatives Verhalten, manchmal auch laissez-faire - in einer Haltefunktion zur Gruppe stehen, mehr Freiräume geben, mehr begleitend zur Gruppe stehen, den Weg der Gruppe begleiten, sich zusammensetzen - Vertrauen in die Mitarbeiter setzen, nach Problemen fragen - Eigendynamik der Gruppe entwickeln - Übertragung von Macht auf die Gruppe, Freiräume der Mitarbeiter dulden - Spannungen in der Gruppe lösen - auseinandersetzen mit den Menschen und der Gruppe	2 2 2
3. Veränderungen im Meisterverhalten durch die Gruppenarbeit Probleme bei der Veränderung von Meisterverhalten Anpassung des Verhaltens an die Gruppenarbeit	- Der Meister steht im Spannungsfeld der Interessen - patriarchalischer Führungsstil wird nicht aufgegeben, dadurch wird die Gruppenentwicklung gehemmt - Kostendruck hemmt die Gruppenentwicklung - Angst vor der Stärke der Gruppe und Zweifel, ob der Meister noch als Führungskraft fungieren kann - das typische Meisterverhalten abzulegen geschieht nicht in zwei Jahren - Kostengünstigkeit der Gruppenarbeit ist nicht klar - Meister haben auch autoritäre Vorgesetzte - Der Ton muß anders, das Vokabular umgestellt werden (z. B. nicht "Du", sondern "Ihr" in der Anrede der Mitarbeiter) - autoritärer Führungsstil muß sich ändern - Klarheit in dem Kostengewinn der Gruppenarbeit fördert angemessenes Meisterverhalten	

Anhang 6

	Nennungen	Häufig-keiten
1. Position der Befragten	Meister 3	
2. Erfolgreiche Führung in Gruppenarbeit Verhaltensweisen/ Kompetenzen von Meistern in Gruppenarbeit	- Einbeziehung der Mitarbeiter in Problemlösungen - Förderung der Kreativität - Informieren und Kommunizieren - persönlich aufgeschlossen und für alles offen sein - Weitergabe von Infos, Fakten und Wissen - Diskussion mit der Gruppe, zuhören können - Motivieren - Mutterfunktion für soziale Belange außerhalb der Ziele - Spannungen abbauen - Gruppe zusammenhalten, Schlichtungsfunktion für soziale Belange - Mitarbeiter fördern und optimal qualifizieren - Aufklären des Mitarbeiters - Führung menschlicher Gespräche - offener Umgang mit der Gruppe - Mut, Ausdauer, Geduld - nicht mehr reiner Vorgesetzter sein, Rangstufe vergessen können - Teamgeist fördern	2 3 2
3. Veränderungen im Meisterverhalten durch die Gruppenarbeit Probleme bei der Veränderung von Meisterverhalten Anpassung des Verhaltens an die Gruppenarbeit	- autoritäres Verhalten kann nicht abgelegt werden Keine Angaben	

Anhang 7

	Nennungen	Häufig-keiten
1. Position der Befragten	direkter Mitarbeiter	
2. Erfolgreiche Führung in Gruppenarbeit Verhaltensweisen/ Kompetenzen von Meistern in Gruppenarbeit	- Probleme besprechen - Unterstützung - Ehrlichkeit - Vertrauen in die Mitarbeiter - Offenheit, auch im privaten Bereich Problemen zuhören - Probleme bearbeiten, Gruppe in die Problemdiskussion einbeziehen - Loben - gegenseitige Unterstützung in der Gruppe fördern - auf die Belange der Mitarbeiter eingehen - wenn die Gruppe die Leistung bringt, auch einmal loslassen können - kein schlechtes Gewissen machen - flexibel und menschlich führen - nicht distanziert, eher familiär verhalten - Erfahrungswissen der Mitarbeiter nutzen	2
3. Veränderungen im Meisterverhalten durch die Gruppenarbeit Probleme bei der Veränderung von Meisterverhalten Anpassung des Verhaltens an die Gruppenarbeit	- Meister wird auch autoritär geführt - Der Druck der Vorgesetzten macht Gruppenarbeit kaputt - Veränderung am Meisterverhalten werden mit der Gruppenarbeit nicht stattfinden	

Anhang 8

Fragebogen

Sehr geehrte Mitarbeiterinnen und Mitarbeiter,

auch Ihre Kostenstelle wird in nächster Zeit mit der Einführung der Gruppenarbeit beginnen.

Dies wird sicher nicht nur für Sie einige Veränderungen mit sich bringen, sondern im gleichen Maße auch für Ihre Vorgesetzten.

Als Diplomand im Hause interessiert mich besonders die Frage:

Verändert sich mit der Einführung der Gruppenarbeit das Führungsverhalten?

Letztlich soll meine Untersuchung Aufschluß darüber geben, inwieweit das Einführungskonzept des Steuerkreises für Gruppenarbeit solche Veränderungen positiv unterstützen kann.

Im Rahmen meiner Untersuchung habe ich einerseits eine Reihe von Interviews auch mit Ihren Führungskräften geführt. Darüber hinaus möchte ich von Ihnen selbst wissen, wie Sie mögliche Veränderungen der Gruppenarbeit und der Führungskräfte erleben.

Deshalb besteht die Fragebogen-Aktion aus zwei Durchgängen:

Einem ersten Fragebogen heute und einer zweiten Befragung dieser Art, wenn Sie in einem halben Jahr einige persönliche Erfahrungen mit der Gruppenarbeit gesammelt haben und erste Veränderungen deutlich werden.

Vertraulichkeit

Die Informationen, die Sie in dieser Umfrage geben, sind vertraulich. Die Befragung geschieht anonym, das heißt niemand kann Ihre Angaben mit Ihrer Person in Verbindung bringen. Niemand im Werk wird Ihre persönlichen Antworten zu sehen bekommen.

Die Ergebnisse der Studie werden nur in statistischen Durchschnittswerten zugänglich gemacht. Die Ergebnisse meiner Untersuchung stelle ich Ihnen gerne im Rahmen eines Gruppengespräches oder einer Informationsveranstaltung vor. Auch für sonstige Rückfragen stehe ich Ihnen zur Verfügung unter der Tel.-Nummer XXX. Ansprechpartnerin im Hause ist darüber hinaus XXX, Tel XXX.

Bitte stecken Sie den ausgefüllten Fragebogen bis XXX in die vorbereitete Kiste im Pausenraum oder schicken Sie ihn danach bis XXX mit der Hauspost an Roehl, XXX.

Vielen Dank im voraus für Ihre Mitarbeit !

Heiko Roehl

Diplomand
XXXXXXXXX
TU Berlin, Fachber.11

Anhang 8

Einige Hinweise zum Ausfüllen des Fragebogens:

Bitte beziehen Sie die Fragen zum Führungsverhalten Ihres Vorgesetzten auf Ihren **zukünftigen Meister** in der Gruppenarbeit.

Im allgemeinen gibt es keine "richtigen" oder "falschen" Antworten, sondern es ist wichtig, daß Sie offen Ihre persönlichen Ansichten mitteilen.

- Für die spätere Auswertung ist es ganz wichtig, daß alle Fragen beantwortet werden.
- Bitte immer nur ein Kästchen je Frage ankreuzen.
- Kreuzen Sie die jeweils Ihrer Beurteilung am besten entsprechende Aussage bitte in den Kästchen deutlich an.

Beispiel:

sehr	ziemlich	teils-teils	wenig	gar nicht
☐	☒	☐	☐	☐

Um Ihre Fragebögen bei Auswertung nach der zweiten Erhebung aufeinander beziehen zu können, möchte ich sie bitten, hier den Vornamen Ihres Großvaters väterlicherseits einzutragen. Da dieses Datum im Werk vollständig unbekannt ist, bleibt der Datenschutz gewährleistet.

Name Ihres Großvaters väterlicherseits:

Anhang 8

Zunächst einige Fragen zu Ihrer Arbeit im allgemeinen

1. Ob man mit der Arbeit zufrieden ist oder nicht, hängt von verschiedenen Bedingungen ab.
Bitte geben Sie nachfolgend in jeder Zeile an, wie Sie persönlich die angeführten Aufgaben beurteilen:

Ich bin mit

	sehr zu-frieden	ziemlich zufrieden	teils-teils	etwas un-zufrieden	sehr un-zufrieden
der Beziehung zu meinen Kollegen und Kolleginnen	☐	☐	☐	☐	☐
mit der Beziehung zu meinem direkten Vorgesetzten	☐	☐	☐	☐	☐
meiner täglichen Arbeitsaufgabe	☐	☐	☐	☐	☐
der Gestaltung meines Arbeitsplatzes	☐	☐	☐	☐	☐
der Lernmöglichkeit im Betrieb	☐	☐	☐	☐	☐
der Abwechslung, die meine Tätigkeit bietet	☐	☐	☐	☐	☐
dem allgemeinen Betriebsklima	☐	☐	☐	☐	☐
meiner erreichten Position im Betrieb	☐	☐	☐	☐	☐
den weiteren Aufstiegsmöglichkeiten im Betrieb	☐	☐	☐	☐	☐
den Möglichkeiten, meine Kenntnisse und Fähigkeiten einzusetzen	☐	☐	☐	☐	☐

2. Sind Sie an Ihrer gegenwärtigen Tätigkeit interessiert ?

sehr	ziemlich	teils-teils	wenig	gar nicht
☐	☐	☐	☐	☐

3. Meinen Sie, daß sich Ihre gegenwärtige Tätigkeit lohnt ?

sehr	ziemlich	teils-teils	wenig	gar nicht
☐	☐	☐	☐	☐

4. Wie gut beherrschen Sie Ihre gegenwärtige Tätigkeit ?

sehr	ziemlich	teils-teils	wenig	gar nicht
☐	☐	☐	☐	☐

5. Sind sie stolz auf Ihre Tätigkeit ?

sehr	ziemlich	teils-teils	wenig	gar nicht
☐	☐	☐	☐	☐

6. Möchten sie sich für Ihre Tätigkeit bessere Kenntnisse und Fähigkeiten aneignen ?

sehr gern	ziemlich gern	teils-teils	ungern	gar nicht
☐	☐	☐	☐	☐

7. Angesichts der Art Ihrer Tätigkeit und der verbundenen Belastungen - sind Sie mit Ihrem Einkommen zufrieden ?

zu-frieden	ziemlich zufrieden	teils-teils	etwas un-zufrieden	sehr un-zufrieden
☐	☐	☐	☐	☐

Anhang 8

Fragen zum Unternehmen und zur Arbeitssituation

8. Sind Sie froh, in diese Firma eingetreten zu sein?	sehr ☐	ziemlich ☐	teils-teils ☐	nicht sonderlich ☐	gar nicht ☐
9. Meinen Sie, daß Ihre Firma ernsthaft daran interessiert ist, die Arbeitsbedingungen zu verbessern?	sehr ☐	ziemlich ☐	teils-teils ☐	wenig ☐	sehr wenig ☐
10. Wie zufrieden sind Ihre Familienangehörigen damit, daß Sie gerade in dieser Firma arbeiten?	zufrieden ☐	ziemlich zufrieden ☐	teils-teils ☐	etwas unzufrieden ☐	sehr unzufrieden ☐
11. Im Vergleich zu anderen Firmen: Was halten Sie insgesamt von Ihrer Firma?	viel besser als andere ☐	etwas besser als andere ☐	ungefähr so wie die anderen ☐	etwas schlechter als andere ☐	viel schlechter als andere ☐
12. Meinen Sie, daß Ihr Verantwortungsbereich klar umrissen ist?	ja, praktisch immer ☐	ja, meistens ☐	manchmal ☐	nein, meistens nicht ☐	nein, eigentlich nie ☐
13. Fühlen Sie sich unwohl, wenn Sie daran denken, was die Zukunft so für Sie bringen könnte?	überhaupt nicht unwohl ☐	wenig unwohl ☐	teils-teils ☐	ziemlich unwohl ☐	sehr unwohl ☐
14. Möchten Sie manchmal Ihre Firma verlassen/kündigen?	niemals ☐	selten ☐	manchmal ☐	oft ☐	sehr oft ☐
15. Arbeiten Sie gelegentlich mit dem Gefühl einer seelischen Unruhe?	niemals ☐	selten ☐	manchmal ☐	oft ☐	sehr oft ☐
16. Möchten sie in Ihrem jetzigen Bereich bleiben?	so lange ich kann ☐	es ist nicht schlecht wenn ich bleibe ☐	ich bin nicht sicher ☐	ich möchte ihn gern verlassen ☐	ich möchte so schnell wie möglich weg ☐
17. Für wie wichtig halten Sie Gruppenarbeit als ein Mittel zur Lösung betrieblicher Probleme?	sehr wichtig ☐	ziemlich wichtig ☐	teils-teils ☐	nicht so wichtig ☐	überhaupt nicht wichtig ☐
18. Hält Ihre Firma Sie über allgemeine Pläne und die Lage der Firma auf dem Laufenden?	praktisch immer ☐	häufig ☐	manchmal ☐	selten ☐	eigentlich nie ☐

Anhang 8

Fragen zum Führungverhalten

| 19. Kümmert sich Ihr Vorgesetzter um Ihre persönlichen Probleme ? | sehr ☐ | ziemlich ☐ | teils-teils ☐ | wenig ☐ | überhaupt nicht ☐ |

| 20. Informiert Ihr Vorgesetzter Sie über Planungen und Inhalte Ihrer täglichen Arbeit ? | praktisch immer ☐ | häufig ☐ | manchmal ☐ | selten ☐ | sehr selten ☐ |

| 21. Wie häufig gibt Ihr Vorgesetzter Ihnen Anweisungen für Ihre Arbeit? | praktisch immer ☐ | häufig ☐ | manchmal ☐ | selten ☐ | sehr selten ☐ |

| 22. Wenn Ihr Vorgesetzter Ihnen eine Aufgabe zuweist, sagt er Ihnen dann auch klar, wie er sie erledigt haben möchte ? | praktisch immer ☐ | häufig ☐ | manchmal ☐ | selten ☐ | sehr selten ☐ |

| 23. Versteht Ihr Vorgesetzter etwas von den Maschinen und Arbeitsmitteln, für die Sie verantwortlich sind ? | sehr viel ☐ | ziemlich viel ☐ | teils-teils ☐ | wenig ☐ | fast nichts ☐ |

| 24. Verlangt Ihr Vorgesetzter von Ihnen Berichte über den Fortgang Ihrer Arbeit ? | praktisch immer ☐ | häufig ☐ | manchmal ☐ | selten ☐ | sehr selten ☐ |

| 25. Vereinbart Ihr Vorgesetzter längerfristige Zielsetzungen mit Ihnen ? | sehr genau ☐ | ziemlich genau ☐ | teils-teils ☐ | nicht so genau ☐ | überhaupt nicht genau ☐ |

| 26. Wie sehr drängt Ihr Vorgesetzter darauf, daß Sie die Arbeiten zur festgesetzten Zeit erledigen ? | sehr intensiv ☐ | ziemlich intensiv ☐ | teils-teils ☐ | wenig ☐ | überhaupt nicht ☐ |

| 27. Ist Ihr Vorgesetzter kleinlich, wenn es darum geht, Vorschriften oder Regeln einzuhalten ? | sehr kleinlich ☐ | ziemlich kleinlich ☐ | teils-teils ☐ | kaum kleinlich ☐ | überhaupt nicht kleinlich ☐ |

| 28. Vergeuden Sie gelegentlich Ihre Arbeitszeit, weil Ihr Vorgesetzter schlecht geplant und organisiert hat ? | fast nie ☐ | selten ☐ | manchmal ☐ | oft ☐ | sehr oft ☐ |

| 29. Versucht Ihr Vorgesetzter Sie dazu zu bewegen, Ihre Leistungsmöglichkeiten voll auszuschöpfen ? | ja, sehr oft ☐ | häufig ☐ | manchmal ☐ | selten ☐ | praktisch nie ☐ |

Anhang 8

Fragen zu Führung und Teamarbeit

30. Wenn Sie von Ihrem Vorgesetzten verlangen, die Voraussetzungen für Ihre Arbeit zu verbessern, bemüht er sich dann, dies zu tun?	praktisch immer ☐	oft ☐	manchmal ☐	selten ☐	eigentlich nie ☐
31. Versucht Ihr Vorgesetzter, die Ansichten seiner Mitarbeiter zu verstehen?	praktisch immer ☐	oft ☐	manchmal ☐	selten ☐	eigentlich nie ☐
32. Fragt Ihr Vorgesetzter nach Ihrer Meinung, wenn an Ihrem Arbeitsplatz ein Problem auftritt?	praktisch immer ☐	oft ☐	manchmal ☐	selten ☐	eigentlich nie ☐
33. Behandelt Ihr Vorgesetzter Sie und Ihre Kollegen fair bzw. gerecht?	sehr fair ☐	ziemlich fair ☐	teils-teils ☐	etwas unfair ☐	sehr unfair ☐
34. Können Sie mit Ihrem Vorgesetzten formlos ("inoffiziell") über Ihre Arbeit reden?	sehr formlos ☐	ziemlich formlos ☐	teils-teils ☐	etwas förmlich ☐	sehr förmlich ☐
35. Fühlen Sie sich gewöhnlich unter ungerechtfertigtem Druck von Seiten Ihres Vorgesetzten?	gar nicht ☐	selten ☐	manchmal ☐	oft ☐	sehr oft ☐
36. Meinen Sie, daß Ihr Vorgesetzter Vertrauen in Sie hat?	sehr großes ☐	ziemlich großes ☐	teils-teils ☐	ziemlich wenig ☐	fast gar keines ☐
37. Kümmert sich Ihr Vorgesetzter um Ihre Zukunft (Beförderungen, Einkommenserhöhungen)?	sehr ☐	ziemlich ☐	teils-teils ☐	wenig ☐	überhaupt nicht ☐
38. Wenn Sie Ihre Arbeit gut machen, erkennt ihr Vorgesetzter es dann an?	sehr oft ☐	oft ☐	manchmal ☐	selten ☐	fast nie ☐
39. Unterstützt ihr Vorgesetzter Sie im allgemeinen?	praktisch immer ☐	oft ☐	manchmal ☐	selten ☐	eigentlich nie ☐
40. Unterstützt Ihr Vorgesetzter Sie bei neuen Aufgaben?	praktisch immer ☐	oft ☐	manchmal ☐	selten ☐	eigentlich nie ☐

Anhang

Anhang 8

Fragen zu Unterstützung und Kommunikation

41. Meinen Sie, daß Sie und Ihre Arbeitskollegen gut zusammenarbeiten?	sehr gut ☐	ziemlich gut ☐	teils-teils ☐	nicht sonderlich ☐	gar nicht ☐
42. Ermutigen ihre Arbeitskollegen einander ihr Bestes bei der Arbeit zu geben?	sehr ☐	ziemlich ☐	teils-teils ☐	nicht sonderlich ☐	gar nicht ☐
43. Werden sie von ihren Kollegen unerstützt, wenn sie bei der Arbeit Hilfe benötigen?	praktisch immer ☐	häufig ☐	manchmal ☐	selten ☐	eigentlich nie ☐
44. Hält Ihr Vorgesetzter engen Kontakt zu anderen Abteilungen?	sehr ☐	ziemlich ☐	teils-teils ☐	nicht sonderlich ☐	gar nicht ☐
45. Unterläßt die Geschäftsleitung es gelegent-lich, Sie von Dingen zu unterrichten, über die Sie informiert werden müßten?	praktisch nie ☐	selten ☐	manchmal ☐	oft ☐	sehr oft ☐
46. Meinen Sie, daß die Kommunikation zwischen Ihrem unmittelbaren Vorgesetzten und seinem eigenen Vorgesetzten gut funktioniert?	sehr gut ☐	ziemlich gut ☐	teils-teils ☐	nicht sonderlich ☐	gar nicht ☐
47. Haben Sie gelegentlich das Gefühl, daß Ihre Vorschläge irgendwo stecken bleiben, ohne je die oberen Führungsebenen zu erreichen?	eigentlich nie ☐	selten ☐	manchmal ☐	oft ☐	sehr oft ☐
48. Kommt es vor, daß Sie und Ihre Kollegen An-gelegenheiten, die den Arbeitsplatz betreffen, freimütig diskutieren und kritisieren?	sehr oft ☐	oft ☐	manchmal ☐	selten ☐	gar nicht ☐

49. Inwieweit hält die Mehrheit der Kollegen in ihrem Bereich es für wichtig, die Arbeitsziele zu erreichen?

Sie meinen, man sollte mehr als die gesetzten Ziele erreichen	Sie meinen, man sollte die Ziele erreichen	Sie meinen, es wäre schon besser, die Ziele zu erreichen	Sie meinen, daß man nicht immer die Ziele erreichen muß	Sie meinen, es ist nicht not-wendig, die Ziele zu erreichen
☐	☐	☐	☐	☐

50. Inwieweit halten Sie persönlich es für wichtig, daß die Arbeitsziele erreicht werden?

Ich meine, man sollte mehr als die gesetzten Ziele erreichen	Ich meine, man sollte die Ziele erreichen	Ich meine, es wäre schon besser, die Ziele zu erreichen	Ich meine, daß man nicht immer die Ziele erreichen muß	Ich meine, es ist nicht not-wendig, die Ziele zu erreichen
☐	☐	☐	☐	☐

Anhang 8

Allgemeine Angaben

Ihr Alter:

- ☐ unter 20 Jahren
- ☐ 20 - 24 Jahre
- ☐ 25 - 29 Jahre
- ☐ 30 - 39 Jahre
- ☐ 40 - 50 Jahre
- ☐ über 50 Jahre

Ihre Berufsausbildung:

- ☐ Keine Ausbildung
- ☐ Abgeschlossene Ausbildung
- ☐ Andere Abschlüsse, nämlich_____

Wie lange arbeiten Sie schon bei dieser Firma (einschließlich Ausbildung) ?

- ☐ weniger als 1 Jahr
- ☐ 1 - 4 Jahre
- ☐ 5 - 10 Jahre
- ☐ 11 - 20 Jahre
- ☐ 21 - 30 Jahre
- ☐ 30 Jahre und mehr

Haben Sie Kommentare zu diesem Fragebogen ?
Teilen Sie bitte Ihre Meinung auf den folgenden Zeilen mit:

_____

_____

_____

_____

Nochmals vielen Dank für Ihre Mitarbeit !

Anhang 9

Fragen zum Führungsverhalten

Nr.	Frage	Antwortoptionen
19.	Kümmern Sie sich als Vorgesetzter um persönliche Probleme Ihrer Mitarbeiter?	sehr ☐ / ziemlich ☐ / teils-teils ☐ / wenig ☐ / überhaupt nicht ☐
20.	Informieren Sie als Vorgesetzter über Planungen und Inhalte der täglichen Arbeit?	praktisch immer ☐ / häufig ☐ / manchmal ☐ / selten ☐ / sehr selten ☐
21.	Wie häufig geben Sie als Vorgesetzter Anweisungen für die Arbeit?	praktisch immer ☐ / häufig ☐ / manchmal ☐ / selten ☐ / sehr selten ☐
22.	Wenn Sie als Vorgesetzter eine Aufgabe zuweisen, sagen Sie dann auch klar, wie Sie sie erledigt haben möchten?	praktisch immer ☐ / häufig ☐ / manchmal ☐ / selten ☐ / sehr selten ☐
23.	Verstehen Sie als Vorgesetzter etwas von den Maschinen und Arbeitsmitteln, für die Ihre Mitarbeiter verantwortlich sind?	sehr viel ☐ / ziemlich viel ☐ / teils-teils ☐ / wenig ☐ / fast nichts ☐
24.	Verlangen Sie als Vorgesetzter Berichte über den Fortgang der Arbeit?	praktisch immer ☐ / häufig ☐ / manchmal ☐ / selten ☐ / sehr selten ☐
25.	Vereinbaren Sie als Vorgesetzter längerfristige Zielsetzungen mit Ihren Mitarbeitern?	sehr genau ☐ / ziemlich genau ☐ / teils-teils ☐ / nicht so genau ☐ / überhaupt nicht genau ☐
26.	Wie sehr drängen Sie als Vorgesetzter darauf, daß die Arbeiten zur festgesetzten Zeit erledigt werden?	sehr intensiv ☐ / ziemlich intensiv ☐ / teils-teils ☐ / wenig ☐ / überhaupt nicht ☐
27.	Sind Sie als Vorgesetzter kleinlich, wenn es darum geht, Vorschriften oder Regeln einzuhalten?	sehr kleinlich ☐ / ziemlich kleinlich ☐ / teils-teils ☐ / kaum kleinlich ☐ / überhaupt nicht kleinlich ☐
28.	Wird gelegentlich Arbeitszeit vergeudet, weil Sie schlecht geplant und organisiert haben?	fast nie ☐ / selten ☐ / manchmal ☐ / oft ☐ / sehr oft ☐
29.	Versuchen Sie als Vorgesetzter dazu zu bewegen, Leistungsmöglichkeiten voll auszuschöpfen?	ja, sehr oft ☐ / häufig ☐ / manchmal ☐ / selten ☐ / praktisch nie ☐

Anhang 9

Fragen zu Führung und Teamarbeit

30. Bemühen Sie sich, die Voraussetzungen für die Arbeit Ihrer Mitarbeiter zu verbessern?

praktisch immer	oft	manchmal	selten	eigentlich nie
☐	☐	☐	☐	☐

31. Versuchen Sie, die Ansichten Ihrer Mitarbeiter zu verstehen?

praktisch immer	oft	manchmal	selten	eigentlich nie
☐	☐	☐	☐	☐

32. Fragen Sie Mitarbeiter nach Ihrer Meinung, wenn am Arbeitsplatz ein Problem auftritt?

praktisch immer	oft	manchmal	selten	eigentlich nie
☐	☐	☐	☐	☐

33. Behandeln Sie Ihre Mitarbeiter fair bzw. gerecht?

sehr fair	ziemlich fair	teils-teils	etwas fair	sehr fair
☐	☐	☐	☐	☐

34. Können Sie mit Ihren Mitarbeitern formlos ("inoffiziell") über die Arbeit reden?

sehr formlos	ziemlich formlos	teils-teils	etwas förmlich	sehr förmlich
☐	☐	☐	☐	☐

35. Kommt es vor, das Sie als Vorgesetzter ungerechtfertigten Druck ausüben?

gar nicht	selten	manchmal	oft	sehr oft
☐	☐	☐	☐	☐

36. Haben Sie Vertrauen in Ihre Mitarbeiter?

sehr großes	ziemlich großes	teils-teils	ziemlich wenig	fast gar keines
☐	☐	☐	☐	☐

37. Kümmern Sie sich als Vorgesetzter um die Zukunft (Beförderungen, Einkommenserhöhungen) Ihrer Mitarbeiter?

sehr	ziemlich	teils-teils	wenig	überhaupt nicht
☐	☐	☐	☐	☐

38. Erkennen Sie gute Arbeit Ihrer Mitarbeiter an?

sehr oft	oft	manchmal	selten	fast nie
☐	☐	☐	☐	☐

39. Unterstützen Sie als Vorgesetzter im allgemeinen?

praktisch immer	oft	manchmal	selten	eigentlich nie
☐	☐	☐	☐	☐

40. Unterstützen Sie als Vorgesetzter bei neuen Aufgaben?

praktisch immer	oft	manchmal	selten	eigentlich nie
☐	☐	☐	☐	☐

Anhang 10

Fragebogen

Sehr geehrte Mitarbeiterinnen und Mitarbeiter,

auch in Ihrer Kostenstelle hat sich in der letzten Zeit einiges verändert. Durch die Einführung der Gruppenarbeit ist nicht nur Ihre Arbeitssituation anders geworden, sondern möglicherweise auch die Beziehung zu Ihrem Vorgesetzten.

Um diese Veränderungen zu erfassen, habe ich bereits im letzten Jahr eine Befragung durchgeführt, als Sie noch nicht in Gruppenarbeit arbeiteten. Die Daten des ersten Fragebogens sollen mit diesem, dem zweiten Fragebogen verglichen werden.

Die Frage, die mich als Diplomand des Hauses besonders interessiert, ist:

Verändert sich mit der Einführung der Gruppenarbeit das Führungsverhalten?

Letztlich soll meine Untersuchung Aufschluß darüber geben, inwieweit das Einführungskonzept des Steuerkreises für Gruppenarbeit solche Veränderungen positiv unterstützen kann.

Im Rahmen meiner Untersuchung habe ich einerseits eine Reihe von Interviews auch mit Ihren Führungskräften geführt. Darüber hinaus möchte ich von Ihnen selbst wissen, wie Sie mögliche Veränderungen der Gruppenarbeit und der Führungskräfte erleben.

Vertraulichkeit

Die Informationen, die Sie in dieser Umfrage geben, sind vertraulich. Die Befragung geschieht anonym, das heißt niemand kann Ihre Angaben mit Ihrer Person in Verbindung bringen. Niemand im Werk wird Ihre persönlichen Antworten zu sehen bekommen.
Die Ergebnisse der Studie werden nur in statistischen Durchschnittswerten zugänglich gemacht. Die Ergebnisse meiner Untersuchung stelle ich Ihnen gerne im Rahmen eines Gruppengespräches oder einer Informationsveranstaltung vor. Auch für sonstige Rückfragen stehe ich Ihnen zur Verfügung unter der Tel.-Nummer XXX. Ansprechpartnerin im Hause ist darüber hinaus XXX, Tel. XXX.

Bitte stecken Sie den ausgefüllten Fragebogen bis XXX in die vorbereitete, verschlossene Kiste im Meisterbüro. Wenn Sie an der ersten Untersuchung im letzten Jahr teilgenommen haben, möchte ich Sie **unbedingt** bitten, dieses zweite Mal auch mitzumachen.

Vielen Dank im voraus für Ihre Mitarbeit !

Heiko Roehl

Diplomand
XXXXXXXXX
TU Berlin, Fachber.11

Anhang

Anhang 11

MITARBEITERINFO
- Produktgruppe ███ -

Stand: ███

Liebe Mitarbeiterin und Mitarbeiter
der Produktgruppe ███

im Rahmen der Einführung der Gruppenarbeit in unserem Fertigungsbereich, ist ein Diplomand unseres Hauses an mich, mit der Bitte um Unterstützung durch Sie, herangetreten.

Um Ihnen sein Anliegen nahe zu bringen möchte sich

Herr Roehl, Student der Psychologie an der TU Berlin,

in einer kurzen Abteilungsversammlung vorstellen.

Termin : ███

Ich bitte um pünktliches Erscheinen.

Mit freundlichem Gruß

███

Anhang 12

Liebe Mitarbeiterinnen und Mitarbeiter der XXX,

für Ihre Beteiligung an der Umfrage zu Ihrer Arbeitssituation möchte ich Ihnen herzlich danken. Bis jetzt haben sich ca. 1/3 der Mitarbeiter beteiligt.

Um jedoch möglichst vollständige Informationen über den Bereich XXX zu bekommen, ist es wichtig, daß sich insgesamt möglichst eine große Anzahl von Mitarbeitern an der Umfrage beteiligen. Durch eine hohe Beteiligungsquote wäre außerdem gesichert, daß auch diejenigen zu Wort gekommen sind, die sich sonst eher zurückhalten.

Aufgrund der Urlaubszeit ist der Rücksendetermin verlegt worden. Sofern Sie sich an der Umfrage noch nicht beteiligt haben, möchte ich Sie daher bitten, bis

XXX

einen Fragebogen auszufüllen und in den im Meisterbüro vorbereiteten Karton zu stecken. Einen Fragebogen bekommen Sie im Meisterbüro, sie werden bis dahin weiter dort ausliegen.

Ihre Mitarbeit ist für mich von großer Bedeutung, auch in der Folgeerhebung im XXX hoffe ich sehr auf Ihre Mithilfe.

Herzlichen Dank im voraus,
mit freundlichem Gruß,

Heiko Roehl

Diplomand XXX
TU Berlin, Fachber. 11

Anhang 12

Betrifft: Fragebogen zu Arbeitssituation und Meistern

Liebe Mitarbeiterinnen und Mitarbeiter,

für Ihre Beteiligung an der Umfrage zu ihrer Arbeitssituation möchte ich mich herzlich bedanken.

Um möglichst vollständige Informationen über Ihren Bereich zu bekommen, ist es wichtig, daß sich möglichst eine große Anzahl von Mitarbeitern an dieser Umfrage beteiligt.

Vor allem ist wichtig, daß sich alle diejenigen wieder an der Umfrage beteiligen, die im Sommer `93 auch mitgemacht haben. Die Menge der bisher eingegangenen Fragebögen <u>ist bisher halb so groß wie beim letzten Mal</u>. Die Daten aus beiden Erhebungen sollen jedoch verglichen werden, deshalb möchte ich mit diesem Aushang alle auffordern, die bisher noch keinen Fragebogen ausgefüllt haben <u>(egal ob sie im Sommer `93 an der Untersuchung teilgenommen haben oder nicht):</u>

Bitte füllen Sie einen Fragebogen aus !

Fragebögen liegen im Meisterbüro aus, der Rücksendetermin ist (zum allerletzten Mal) verlängert worden. Bitte stecken Sie den ausgefüllten Bogen bis XXX in den vorbereiten Karton im Meisterbüro.

Ihre Mitarbeit ist für mich von großer Bedeutung, das Ausfüllen geschieht wie beim letzten Mal absolut anonym und gibt ihnen letztlich die Möglichkeit, einmal ihre Meinung zu sagen. Über die anonymisierten, statistisch ausgewerteten Ergebnisse beider Untersuchungen werde ich Sie wie bereits angekündigt in einer Informationsveranstaltung unterrichten.

Herzlichen Dank im voraus, mit freundlichem Gruß,

Heiko Roehl
Diplomand XXX
TU Berlin, Fachber. 11

Anhang 13 / Testgüte Meßzeitpunkt 1

Skala	Items, Nr. im Fragebogen	$\bar{x}$	S^2	Reliabilität 1 Interne Konsistenz α Cronbach	Reliabilität 2 Split-Half r SPLIT HALF Equal length Spearman-Brown	Trennschärfe r_{it}	Homogenität Durchschnittl. Item-Interkorr. $\bar{r}_{ii'}$	Dimensionalität Eigenwert, Varianzaufklärung, Faktorladungen
Arbeitszufriedenh. (Neuberger)		3,3	0,33	.80	.80		.30	3,8 38,3%
	Az Kollegen 1a					.30		.16
	Az Vorges. 1b					.25		.08
	Az Aufg. 1c					.61		.56
	Az Arbpl. 1d					.37		.26
	Az Lern 1e					.38		.23
	Az Abwechs. 1f					.62		.59
	Az Klima 1g					.43		.25
	Az Position 1h					.57		.55
	Az Aufstieg 1i					.60		.55
	Az Möglichk. 1j					.66		.60
Arbeitszufriedenh. (Misumi)		4,1	.56	.48	.66		.16	2,0 45,5%
	Az Interesse 2					.48		.87
	Az Lohnen 3					.45		.83
	Az Tätigkeit 4					.06		-.23
	Az Stolz 5					.48		.84
	Az Kenntnis 6					.13		.84

Anhang

Anhang 13 / Testgüte Meßzeitpunkt 1

Skala	Items, Nr. im Fragebogen	$\bar{x}$	S^2	Reliabilität 1 Interne Konsistenz α Cronbach	Reliabilität 2 Split-Half r SPLIT HALF Equal length Spearman-Brown	Trennschärfe r_{it}	Homogenität Durchschnittl. Item-Interkorr. $\bar{r}_{ii'}$	Dimensionalität Eigenwert, Varianzaufklärung, Faktorladungen
	Lohnzufriedenheit 7	3,1	1,2					
Zufriedenh. mit der Firma		4,1	.55	.65	.52		.32	1,9 49,6%
	Firma 8					.53		.79
	Arbeitsverb. 9					.40		.69
	Firma, Familie 10					.43		.72
	Firma, Vergleich 11					.35		.61
Mental Health		3,5	.55	.22	.14		.06	1,3 27%
	Verantw. 12					.27		.71
	Zukunft 13					.09		.38
	Kündigen 14					.07		.52
	Unruhe 15					.13		.65
	Druck 35					-.01		.04
Kommunik. und Information		3,3	.74	.63	.66		.25	2,0 40,7%
	Pläne d. Firma 18					.43		.71
	Kontakt zu Abt. 44					.28		.41
	Gesch.-Leitg. 45					.37		.73
	Vorgesetzt Kontakt 46					.41		.79

Anhang 13 / Testgüte Meßzeitpunkt 1

Skala	Items, Nr. im Fragebogen	$\overline{x}$	S^2	Reliabilität 1 Interne Konsistenz α Cronbach	Reliabilität 2 Split-Half r SPLIT HALF Equal length Spearman-Brown	Trennschärfe r_{it}	Homogenität Durchschnittl. Item-Interkorr. $\overline{r_{ii'}}$	Dimensionalität Eigenwert, Varianzaufklärung, Faktorladungen
	Vorschläge 47					.40		.67
Performance		3,3	.62	.78	.71		.45	3,5 35,2%
	Tägliche Arbeit 20					.48		.60
	Anweisung 21					.49		.61
	Aufgabenzuweisg. 22					.48		.62
	Maschine 23					.52		.66
	Berichte 24					.42		.56
	Ziele 25					.55		.67
	Zeit 26					.62		.73
	Kleinlich 27					.25		.37
	Planung 28					.26		.37
	Leistg. 29					.45		.61
Maintenance		3,0	.95	.93	.89		.55	6,0 60,8%
	Verbess. 30					.60		.67
	Ansichten 31					.79		.84
	Meinung 32					.82		.56
	Fair 33					.77		.83

Anhang 13 / Testgüte Meßzeitpunkt 1

Skala	Items, Nr. im Frage-bogen	$\bar{x}$	S^2	Reli-abilität 1 Interne Konsistenz α Cronbach	Reli-abilität 2 Split-Half r SPLIT HALF Equal length Spearman-Brown	Trenn-schärfe r_{it}	Homo-genität Durch-schnittl. Item-Interkorr. $\bar{r}_{ii'}$	Dimen-sionalität Eigenwert, Varianz-aufklärung, Faktor-ladungen
	Offiziell 34					.51		.59
	Vertrauen 36					.68		.74
	Kümmern 37					.57		.64
	Anerkenn. 38					.77		.82
	Unterstützg 39					.84		.87
	Probleme 19					.77		.83
Meinung zur Teamarbeit		3.5	.81	.80	.74		.50	2,5 62,9%
	Zusammen 41					.70		.86
	Ermutigen 42					.67		.83
	Kollegen 43					.50		.69
	Bleiben 16					.48		.77
Leistungs-normen i. d. Gruppe		3,8	.59	.33	.41		.14	1,5 50,0%
	Diskutieren 48					-.01		-.15
	Leistung, andere 49					.25		.84
	Leistung, selbst 50					.06		.84
	Einstellg z. GrA. 17	3.2	1,1					
	Unterstützg Neu 40	3,0	1,5					

Anhang 14 / Testgüte Meßzeitpunkt 2

Skala	Items, Nr. im Fragebogen	$\bar{x}$	S^2	Reliabilität 1 Interne Konsistenz α Cronbach	Reliabilität 2 Split-Half r SPLIT HALF Equal length Spearman-Brown	Trennschärfe r_{it}	Homogenität Durchschnittl. Item-Interkorr. $\bar{r}_{ii'}$	Dimensionalität Eigenwert, Varianzaufklärung, Faktorladungen
Arbeitszufriedenh. (Neuberger)		3,3	0,6	.89	.85		.46	2,9 31,0%
	Az Kollegen 1a					.32		.13
	Az Vorges. 1b					.19		.06
	Az Aufg. 1c					.45		.45
	Az Arbpl. 1d					.34		.19
	Az Lern 1e					.24		.24
	Az Abwechs. 1f					.57		.60
	Az Klima 1g					.41		.24
	Az Position 1h					.53		.55
	Az Aufstieg 1i					.56		.53
	Az Möglichk. 1j					.50		.62
Arbeitszufriedenh. (Misumi)		4.1	0,4	.51	.58		.17	2.0 53,0%
	Az Interesse 2					.48		.79
	Az Lohnen 3					.28		.65
	Az Tätigkeit 4					-.07		-.12
	Az Stolz 5					.42		.63
	Az Kenntnis 6					.46		.70

Anhang 14 / Testgüte Meßzeitpunkt 2

Skala	Items, Nr. im Fragebogen	$\bar{x}$	S^2	Reliabilität 1 Interne Konsistenz α Cronbach	Reliabilität 2 Split-Half r SPLIT HALF Equal length Spearman-Brown	Trennschärfe r_{it}	Homogenität Durchschnittl. Item-Interkorr. $\bar{r}_{ii'}$	Dimensionalität Eigenwert, Varianzaufklärung, Faktorladungen
	Lohnzufriedenheit 7	2,9	1,3					
Zufriedenh. mit der Firma		4.0	.52	.77	.72		.45	2,3 59%
	Firma 8					.57		.80
	Arbeitsverb. 9					.43		.65
	Firma, Familie 10					.68		.87
	Firma, Vergleich 11					.49		.75
Mental Health		3,4	.64	.53	.46		.18	1,7 35,5%
	Verantw. 12					.62		.71
	Zukunft 13					.43		.55
	Kündig. 14					.57		.63
	Unruhe 15					.60		.59
	Druck 35					.66		.44
Kommunik. und Information		3,2	.65	.63	.73		.25	2,8 42,5%
	Pläne d. Firma 18					.22		.41
	Kontakt zu Abt. 44					.42		.73
	Gesch.-Leitg. 45					.58		.79
	Vorgesetzt Kontakt 46					.50		.77

Anhang 14 / Testgüte Meßzeitpunkt 2

Skala	Items, Nr. im Fragebogen	$\bar{x}$	S^2	Reliabilität 1 Interne Konsistenz α Cronbach	Reliabilität 2 Split-Half r SPLIT HALF Equal length Spearman-Brown	Trennschärfe r_{it}	Homogenität Durchschnittl. Item-Interkorr. $\bar{r}_{ii'}$	Dimensionalität Eigenwert, Varianzaufklärung, Faktorladungen
	Vorschläge 47					.50		.77
Performance		3.2	.79	.89	.90		.27	5,1 51,6%
	Tägliche Arbeit 20					.65		.73
	Anweisung 21					.61		.69
	Aufgabenzuweisg. 22					.59		.68
	Maschine 23					.63		.72
	Berichte 24					.50		.60
	Ziele 25					.76		.82
	Zeit 26					.78		.84
	Kleinlich 27					.60		.68
	Planung 28					.61		.70
	Leistg. 29					.59		.68
Maintenance		3,1	.86	.92	.80		.53	5,9 59,1%
	Verbess. 30					.66		.74
	Ansichten 31					.73		.82
	Meinung 32					.66		.76
	Fair 33					.79		.86

Anhang 14 / Testgüte Meßzeitpunkt 2

Skala	Items, Nr. im Fragebogen	$\bar{x}$	S^2	Reliabilität 1 Interne Konsistenz α Cronbach	Reliabilität 2 Split-Half r SPLIT HALF Equal length Spearman-Brown	Trennschärfe r_{it}	Homogenität Durchschnittl. Item-Interkorr. $\bar{r}_{ii'}$	Dimensionalität Eigenwert, Varianzaufklärung, Faktorladungen
	Offiziell 34					.44		.49
	Vertrauen 36					.66		.70
	Kümmern 37					.80		.83
	Anerkenn. 38					.85		.88
	Unterstützg 39					.78		.82
	Probleme 19					.61		.66
Meinung zur Teamarbeit		3,4	.87	.81	.83		.52	2,5 64,9%
	Zusammen 41					.43		.90
	Ermutigen 42					.57		.75
	Kollegen 43					.60		.78
	Bleiben 16					.66		.77
Leistungsnormen i. d. Gruppe		3,7	.48	.11	.09		.04	1,2 41%
	Diskutieren 48					.16		.71
	Leistung, andere 49					.11		.79
	Leistung, selbst 50					-0,4		-.03
	Einstellg z. GrA., 17	3,2	1,2					
	Unterst. Neu 40	3,2	1,3					

Anhang 15 / Deskriptive Ergebnisse Meßzeitpunkt 1

Produktionsbereich 1

Variable	x̄	s	Minimum	Maximum	N
Zufriedenheit mit Bezahlung	3.44	1.13	1,00	5,00	9
Einstellung zur Gruppenarbeit	3.44	1.42	1,00	5,00	9
Arbeitszufriedenheit (Neuberger)	3.26	.47	2.50	3.90	9
Arbeitszufriedenheit (Misumi)	4.18	.32	3.80	4.80	9
Zufriedenheit mit der Firma	4.03	.38	3.25	4.50	9
Mental Health	3.71	35	3.20	4.20	9
Kommunikation und Information	3.20	.65	2.20	4.00	9
Performance	3.29	.39	2.70	3.90	9
Maintenance	3.30	.91	1.30	4.20	9
Meinung zur Teamarbeit	4.03	.55	3.25	5.00	9
Leistungsnormen in der Arbeitsgruppe	3.81	.53	3.33	5.00	9

Anhang 15 / Deskriptive Ergebnisse Meßzeitpunkt 1

Produktionsbereich 2

Variable	$\bar{x}$	s	Minimum	Maximum	N
Zufriedenheit mit Bezahlung	3.00	1.31	1,00	5,00	15
Einstellung zur Gruppenarbeit	3.40	1.06	2,00	5,00	15
Arbeits- zufriedenheit (Neuberger)	3.17	.58	2.10	4.10	15
Arbeits- zufriedenheit (Misumi)	4.13	.51	3.40	5.00	15
Zufriedenheit mit der Firma	4.13	.57	3.00	5.00	15
Mental Health	3.53	.43	3.00	4.60	15
Kommunikation und Information	3.47	.62	2.40	4.60	15
Performance	3.23	.67	1.70	4.30	15
Maintenance	2.87	.69	1.80	3.80	15
Meinung zur Teamarbeit	3.45	.68	2.50	4.50	15
Leistungsnormen in der Arbeitsgruppe	3.69	.50	2.67	4.33	15

Anhang 16 / Deskriptive Ergebnisse Meßzeitpunkt 2

Produktionsbereich 1

Variable	$\bar{x}$	s	Minimum	Maximum	N
Zufriedenheit mit Bezahlung	3.33	1.12	1,00	5,00	9
Einstellung zur Gruppenarbeit	3.56	1.24	1,00	5,00	9
Arbeitszufriedenheit (Neuberger)	3.70	.41	3.10	4.50	9
Arbeitszufriedenheit (Misumi)	4.20	.36	3.60	4.60	9
Zufriedenheit mit der Firma	4.19	.39	3.75	4.75	9
Mental Health	3.62	.25	3.20	3.80	9
Kommunikation und Information	3.42	.48	2.60	4.00	9
Performance	3.36	.30	2.70	3.70	9
Maintenance	3.57	.43	3.00	4.30	9
Meinung zur Teamarbeit	4.03	.62	3.25	4.75	9
Leistungsnormen in der Arbeitsgruppe	3.89	.44	3.33	4.67	9

Anhang 16 / Deskriptive Ergebnisse Meßzeitpunkt 2

Produktionsbereich 2

Variable	x̄	s	Minimum	Maximum	N
Zufriedenheit mit Bezahlung	2.60	1.24	1,00	5,00	15
Einstellung zur Gruppenarbeit	3.07	1.10	1,00	5,00	15
Arbeitszufriedenheit (Neuberger)	2.99	.67	1.70	4.20	15
Arbeitszufriedenheit (Misumi)	4.11	.46	3.20	4.80	15
Zufriedenheit mit der Firma	3.97	.60	3.00	5.00	15
Mental Health	3.29	.65	2.40	4.40	15
Kommunikation und Information	2.99	.72	2.00	4.60	15
Performance	2.80	.96	2.00	4.20	15
Maintenance	2.44	.62	1.50	3.60	15
Meinung zur Teamarbeit	3.22	.88	1.75	4.75	15
Leistungsnormen in der Arbeitsgruppe	3.64	.53	2.67	4.33	15

Anhang

Anhang 17 / Differenzen Selbst/Fremdeinschätzung: Performance

Performance/Meßzeitpunkt 1

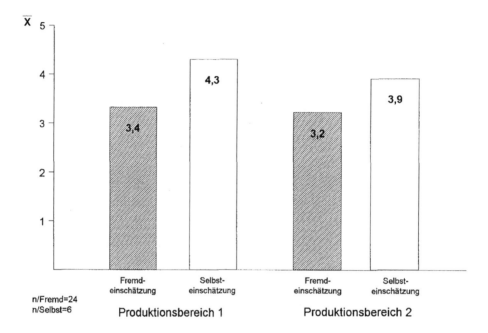

Performance/Meßzeitpunkt 2

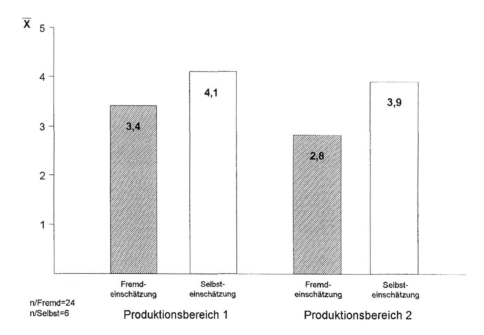

Anhang 18 / Differenzen Selbst/Fremdeinschätzung: Maintenance

Maintenance/Meßzeitpunkt 1

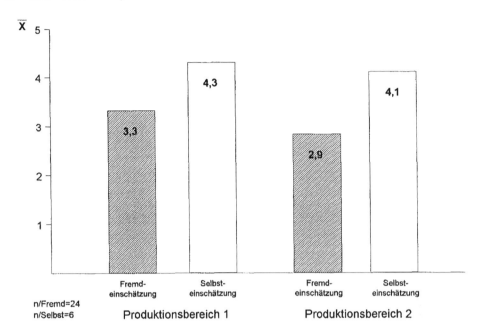

Maintenance/Meßzeitpunkt 2

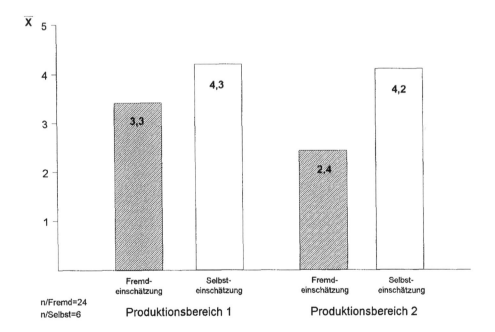

Diplomarbeiten **Agentur**

Die Diplomarbeiten Agentur vermarktet seit 1996 erfolgreich Wirtschaftsstudien, Diplomarbeiten, Magisterarbeiten, Dissertationen und andere Studienabschlußarbeiten aller Fachbereiche und Hochschulen.

Seriosität, Professionalität und Exklusivität prägen unsere Leistungen:

- Kostenlose Aufnahme der Arbeiten in unser Lieferprogramm
- Faire Beteiligung an den Verkaufserlösen
- Autorinnen und Autoren können den Verkaufspreis selber festlegen
- Effizientes Marketing über viele Distributionskanäle
- Präsenz im Internet unter **http://www.diplom.de**
- Umfangreiches Angebot von mehreren tausend Arbeiten
- Großer Bekanntheitsgrad durch Fernsehen, Hörfunk und Printmedien

Setzen Sie sich mit uns in Verbindung:

Diplomarbeiten **Agentur**
**Dipl. Kfm. Dipl. Hdl. Björn Bedey —
Dipl. Wi.-Ing. Martin Haschke —
und Guido Meyer GbR**

**Hermannstal 119 k
22119 Hamburg**

**Fon: 040 / 655 99 20
Fax: 040 / 655 99 222**

**agentur@diplom.de
www.diplom.de**

www.diplom.de

- **Online-Katalog**
  mit mehreren tausend Studien

- **Online-Suchmaschine**
  für die individuelle Recherche

- **Online-Inhaltsangaben**
  zu jeder Studie kostenlos einsehbar

- **Online-Bestellfunktion**
  damit keine Zeit verloren geht

Wissensquellen gewinnbringend nutzen.

Wettbewerbsvorteile kostengünstig verschaffen.